DESTRAVE SEU
CÉREBRO

Faith Harper, Ph.D.
DESTRAVE SEU CÉREBRO

SEXTANTE

Título original: *Unf*ck Your Brain: Using Science to Get Over Anxiety, Depression, Anger, Freak-outs, and Triggers*

Copyright © 2017 por Faith Harper
Copyright da tradução © 2024 por GMT Editores Ltda.

Todos os direitos reservados. Nenhuma parte deste livro pode ser utilizada ou reproduzida sob quaisquer meios existentes sem autorização por escrito dos editores.

coordenação editorial: Alice Dias
produção editorial: Livia Cabrini
tradução: Ângelo Lessa
preparo de originais: Pedro Siqueira
revisão: Hermínia Totti e Luis Américo Costa
diagramação: Ana Paula Daudt Brandão
imagens de miolo: M-vector / Shutterstock
capa: Filipa Damião Pinto
impressão e acabamento: Bartira Gráfica

CIP-BRASIL. CATALOGAÇÃO NA PUBLICAÇÃO
SINDICATO NACIONAL DOS EDITORES DE LIVROS, RJ

H257d

Harper, Faith G.
    Destrave seu cérebro / Faith G. Harper ; tradução Ângelo Lessa. - 1. ed. - Rio de Janeiro : Sextante, 2024.
    176 p. ; 21 cm.

Tradução de: Unf*ck your brain
ISBN 978-65-5564-846-1

    1. Estresse (Psicologia). 2. Administração do estresse. 3. Ansiedade. 4. Saúde mental. 5. Psicoterapia. I. Lessa, Ângelo. II. Título.

24-88078
    CDD: 616.8521
    CDU: 615.85:159.944.4

Meri Gleice Rodrigues de Souza - Bibliotecária - CRB-7/6439

Todos os direitos reservados, no Brasil, por
GMT Editores Ltda.
Rua Voluntários da Pátria, 45 – 14º andar – Botafogo
22270-000 – Rio de Janeiro – RJ
Tel.: (21) 2538-4100
E-mail: atendimento@sextante.com.br
www.sextante.com.br

Sumário

Introdução 7

PARTE UM ESTE É O SEU CÉREBRO QUANDO VOCÊ SOFRE UM TRAUMA 17
1 Como travamos o nosso cérebro? 19
2 Como o trauma reconfigura o cérebro 36
3 Conserte seu cérebro 53
4 Hora de melhorar: reeduque seu cérebro 63
5 Como obter ajuda (profissional): opções de tratamento 90

PARTE DOIS ESTE É O SEU CÉREBRO NO DIA A DIA 105
6 Ansiedade 109
7 Raiva 121
8 Vício 131
9 Depressão 145
10 A importância de viver o luto 151

CONCLUSÃO O novo normal 160

Recomendações de leitura 162
Fontes 166
Agradecimentos 174

Introdução

Como travamos o nosso cérebro?

Raiva, depressão, ansiedade, estresse, perda traumática de um ente querido, abuso de substâncias, padrões de comportamento malucos, escolhas de relacionamento ruins.

Grande parte de tudo que chamamos de doença, distúrbio ou transtorno mental é causada por desequilíbrios na química do cérebro. E a maior parte desses desequilíbrios é causada por acontecimentos estressantes e traumáticos da vida.

Antigamente culpávamos a genética pelas inúmeras reações que temos a ambientes estressantes e traumáticos. Mas pesquisas recentes mostram que apenas 2% a 5% dos diagnósticos têm origem em fatores genéticos. Então agora sabemos que é *muuuuito* mais provável que as causas do problema sejam o ambiente que nos cerca, os acontecimentos da vida e a forma como lidamos com tudo isso.

Essas coisas – raiva, depressão e tudo mais – são *estratégias adaptativas*. Mesmo que você não acredite em mais nada do que eu disser neste livro, torço para que acredite nessa parte. Esses sentimentos são normais. Somos ensinados a nos proteger e sobreviver, e, por incrível que pareça, é exatamente isso que seu cérebro está fazendo no momento em que você decide meter os pés pelas mãos.

Os comportamentos são respostas às coisas com que precisamos lidar no dia a dia. O cérebro reage não só a grandes eventos traumáticos capazes de mudar nossa vida, mas também a relacionamentos tóxicos e interações irritantes do cotidiano, quando as pessoas fazem pequenas coisas que nos chateiam, ultrapassam nossos limites e desrespeitam nossa necessidade de segurança. Nossos comportamentos são uma combinação desses dois tipos de resposta.

E é aí que esse mal-estar se transforma num círculo vicioso: nos sentimos mal exatamente por nos sentirmos mal. Temos a sensação de que somos fracos, de que estamos debilitados, de que, no fundo, temos um monte de defeitos. E *esse* é o sentimento que causa mais impotência, porque, para nós, ter muitos defeitos significa que não temos conserto. Então, se não temos conserto, por que nos dar ao trabalho de tentar consertar?

Mas e se você fosse capaz de entender de onde vêm todos esses pensamentos e sentimentos? De entender como surgiu esse monte de coisas que está tomando conta da sua cabeça? E se desse para compreender como isso tudo funciona? Isso significaria que nós temos conserto, SIM!

Preste atenção, porque isso é importante. Temos muito mais chance de melhorar quando sabemos por que estamos enfrentando determinado problema do que quando nos concentramos apenas nos sintomas. Por exemplo: se você trata o estresse, a ansiedade ou a depressão sem olhar para as *causas* desses problemas, não está fazendo tudo que está ao seu alcance para de fato melhorar a situação.

É como se você tivesse uma reação alérgica: você pode tratá-la e até fazê-la desaparecer, mas, se não descobrir a que substância seu corpo é sensível, no futuro provavelmente vai voltar a ter uma reação desse tipo.

O mesmo vale para o cérebro. Se você compreende por que

faz as coisas que faz, fica muito mais fácil melhorar. E a explicação não precisa ser complicada para fazer sentido e ser útil.

Eu sou terapeuta licenciada, com certificação em sexologia, coaching de vida integrada e nutrição clínica. Também sou professora e dou aulas em todo o estado do Texas. Minha especialização é na área de traumas, o que significa que esse é o foco do meu trabalho. Isso faz com que

1. as pessoas me evitem nas festas;
2. meus pacientes melhorem muito, muito mais rápido do que os dos meus colegas que não incorporam o tratamento e a consciência do trauma em sua prática.

Não estou me gabando. São os meus pacientes que fazem TODO o trabalho; eu apenas os oriento. Sou só a pessoa que levanta a enorme faixa que diz "Corra nessa direção!".

Estou na área da saúde mental há décadas suficientes para você dizer "Caramba, você é velha!" e posso afirmar que a nossa compreensão atual do trauma é relativamente recente. Muitos anos atrás trabalhei no primeiro programa de recuperação de trauma na cidade onde moro. Nesse programa, percebi que quando focamos o trabalho na história por trás do trauma e não nos rótulos que colamos no trauma em si – como depressão, ansiedade, vício, etc. –, ajudamos as pessoas a melhorar. De lá para cá fui responsável por treinamentos em várias outras modalidades de tratamento de trauma e ajudei diversas agências e programas a aplicar modelos de terapia com foco no trauma.

Atualmente tenho meu próprio consultório e minha principal linha de trabalho se concentra na área de relacionamentos e intimidade. Adivinhe qual problema mais encontro por lá: histórias de trauma. Os traumas aparecem toda hora. E percebi que, quando eu explicava o que estava acontecendo de maneira simples, meus pacientes diziam: "Uau! Faz sentido!" Escrevi este livro porque ninguém até hoje tinha juntado todas essas explicações de uma forma simples e prática. E fui testemunha de que as pessoas melhoram bem mais rápido quando compreendem a fundo a situação que estão vivendo.

O que vou dizer é ruim para o meu negócio, mas não acho que todo mundo precise de terapia. Acho importante que todos façam alguma coisa em prol do próprio bem-estar, mas cada um precisa encontrar o caminho que faça mais sentido para si. Algumas pessoas meditam, outras praticam exercícios físicos, algumas procuram um coach, outras fazem terapia. E outras ainda fazem algo totalmente diferente. Tudo é válido.

Faça o que quiser. Seja o que for, uma coisa é certa: tudo funciona melhor quando você entende o porquê e sabe qual é o objetivo de fazer as coisas da maneira que escolheu fazer.

Para quem é este livro?

Este livro é para as pessoas que perguntam o tempo todo: "Mas POR QUÊ?" Para as pessoas que, quando eram crianças, irritavam os adultos enchendo-os de perguntas sobre o funcionamento do mundo para entender seu lugar nele. A questão é que o *porquê* é uma informação realmente necessária.

Este livro também é para todo mundo que ODEIA quando outras pessoas lhe dizem o que fazer. É para quem quer as ferramentas e informações necessárias para descobrir *por conta própria* o que fazer. Você pode descobrir tudo sozinho ou com a ajuda de um terapeuta maravilhoso que não vai ficar lhe dando ordens. Seja como for, você sabe que está no comando da sua própria vida, porque, sem dúvida, quem arca com todas as consequências das suas atitudes não é ninguém além de você.

Este livro é para quem está cansado de ouvir ou pensar que é louco. Ou burro. Ou preguiçoso. Ou "muito sensível". Ou que precisa "superar" alguma coisa. É para as pessoas que estão cansadas de se sentir mal e não suportam mais que os outros pensem que elas *gostam* de se sentir assim. Como se alguém pudesse escolher estar infeliz. Como se estivessem simplesmente se recusando a melhorar. Como se quisessem viver angustiados. Óbvio que não. Este livro é para todo mundo que está travado e não sabe por quê – assim como você.

Meu intuito é ajudá-lo a descobrir por que está infeliz para poder fazer algo a respeito disso.

O que vai acontecer neste livro?

Você deve estar pensando: *Tudo bem, doutora. Mas como este livro vai me ajudar? O que ele tem de tão especial e diferente dos 11 bilhões de livros de autoajuda amontoados nas minhas estantes?*

Beleza. Você deveria estar mesmo desconfiado. Minhas estantes também estão abarrotadas. Eu provavelmente li quase tudo que você leu.

Mas, sério: este livro *é* diferente.

Primeiro: vou apresentar dados científicos. Mas nada daquele papo complexo, árido e chato, e sim do tipo que faz você dizer: "Meu Deus, faz sentido! Como ninguém nunca me explicou isso antes???" No meu consultório descobri que não é preciso fazer 12 anos de faculdade e ter uma dívida milionária em empréstimo estudantil para entender isso. Em geral consigo explicar o que você precisa saber sobre o que está acontecendo no seu cérebro em 5 ou 10 minutos (ou num número equivalente de páginas escritas, tendo em vista que você está lendo um livro).

Segundo: não vou jogar todo esse monte de informações científicas em cima de você e depois dizer "Nossa, que situação, hein? Que barra deve ser para você..." e ir embora. Eu vou lhe dar conselhos realmente práticos para você sair da situação em que se encontra.

Nem todo mundo tem tempo para fazer um retiro do tipo *Comer, rezar, amar*. A maioria das pessoas tem que se levantar todos os dias, lidar com a vida real e descobrir como melhorar em meio a isso tudo. Você ainda precisa continuar lavando a própria roupa. Então vamos botar a mão na massa, porque... quer saber? As coisas têm jeito. *Você tem jeito*. As pessoas melhoram. Se você fosse meu paciente, estaríamos lutando juntos contra esses demônios até eles irem embora. Nesse sentido, ler este livro é o que existe de mais próximo a estar num consultório. E funciona!

Terceiro: vou falar de muitas opções de tratamento. Não sou contra os medicamentos, a medicina e os cuidados ocidentais, mas acredito que eles tenham seu devido lugar como uma das muitas opções de tratamento. A abordagem holística trata da *pessoa como um todo*. E temos que construir um plano que funcione para nós. Pessoalmente, para me sentir bem, eu preciso ter uma alimentação saudável, me forçar a praticar exercícios físicos de vez em quando, tomar suplementos de ervas e fazer acupuntura, meditação, massagem e pedicure – e defendo com unhas e dentes a ideia de que fazer os pés é terapêutico! Já o meu filho joga futebol, puxa ferro, faz *grounding*, medita, frequenta um ambiente escolar altamente estruturado, faz terapia de neurofeedback e toma uma combinação de suplementos e medicamentos. Cada um tem suas necessidades. Estranhamente, a pedicure não faz parte da lista do meu filho. Portanto, vou apresentar várias opções das quais você talvez nunca tenha ouvido falar e que vão ajudá-lo a criar seu próprio plano de ação.

Neste livro você encontrará miniexercícios que o ajudarão a processar o trabalho que está fazendo. Não é dever de casa, você não precisa passar numa prova. Mas é importante conhecer maneiras de processar tudo que vai aparecer ao longo da leitura. Não quero que você fique chorando, arrasado, andando por aí com meu livro embaixo do braço. Se não precisar dos exercícios, não os faça. Mas, se precisar, eles estarão lá.

TOME UMA ATITUDE: COMO MEDIR SUA PRÓPRIA TEMPERATURA

Quantas vezes na vida você recebeu permissão – mas permissão mesmo – para sentir o que sente? Aposto que nunca ou quase nunca!

Este livro mostra como é possível aprender a lidar com tudo que nos impede de ter a vida que queremos, mas com o senso de propósito e paz que tanto almejamos. Aqui você vai aprender a lidar com o que chamamos de eventos traumáticos. Este livro também é para você que tem ansiedade, tristeza, raiva, depressão, reações exageradas ao estresse e/ou comportamentos compulsivos – que incluem todas as estratégias que arrumamos para viver a vida sem tentar acabar com ela.

E isso faz com que a leitura deste livro seja estressante. Talvez um parágrafo atinja você em cheio, porque trata de uma verdade fundamental sobre sua vida e sua experiência. E seu cérebro não vai ficar feliz com essas sensações. Talvez ele diga: "Não quero saber dessa história. Joga essa porcaria de livro fora."

Porque as pessoas dizem que não podemos ter emoções negativas, que elas são ruins e devem ser evitadas. Mais para a frente vamos tratar desse assunto, porque essa história é uma balela sem tamanho.

Mas, enquanto isso, vale a pena explorar o que você está sentindo neste momento — medir sua própria temperatura, por assim dizer. E ter um plano de ação caso ela esteja alta demais. Ao longo deste livro você vai aprender tantos exercícios que não será capaz de colocar todos em prática. Por isso vamos começar com o mais simples.

Feche os olhos e perceba:

- O que está acontecendo no seu corpo?
- O que você está pensando? (Talvez não sejam pensamentos sobre o presente, mas flashes de memórias.)
- Quais emoções esses pensamentos provocam? Dê nome a essas emoções. Classifique a intensidade delas.
- Agora, quais são as sensações físicas no seu corpo?
- Por fim, com que mais você vem lidando no dia a dia e que tem ajudado ou atrapalhado a sua vida?

Talvez este exercício seja difícil para você. Muita gente não faz ideia de como se sente. E não tem problema. Você foi treinado para se desconectar desses sentimentos. São os outros que lhe dizem o que há de errado com você. Você não tinha permissão para isso.

Portanto, se você não sabe... reconheça isso. Das próximas vezes, à medida que fizer este exercício, vai perceber que começará a se reconectar com o que sente. Não saber como se sente NÃO significa que livros de autoajuda não são para você. Essa constatação simplesmente lhe dá informações importantes acerca do estado em que você se encontra agora.

Este exercício lhe devolve o poder de reconhecer o que está acontecendo dentro de você.

Você tem permissão para sentir o que está sentindo.

Aprender a se reconectar com a realidade da sua experiência o ajudará a reunir os recursos necessários para seguir em frente. Porque você merece. Devemos honrar o passado, lembrar dele e respeitar o que ele nos ensinou. Mas não precisamos continuar morando nele. Essa casa está desmoronando, é tóxica e pequena demais para você. Ela não é capaz de abrigar sua experiência atual e com certeza não se encaixa nos seus objetivos futuros.

PARTE UM

ESTE É O SEU CÉREBRO QUANDO VOCÊ SOFRE UM TRAUMA

PARTE UM

ESTE É O SEU CÉREBRO QUANDO VOCÊ SOFRE UM TRAUMA

1
Como travamos o nosso cérebro?

A resposta curta é: com o trauma.

Este livro trata essencialmente de traumas. E das nossas respostas ao trauma, das coisas ruins que nos acontecem e das atitudes alheias que nos impedem de viver uma boa vida. E também de como criamos estratégias de enfrentamento – aquelas que os médicos chamam de ansiedade, depressão, vício, raiva, etc.

Essas estratégias são essencialmente parte do complicado processo de resposta do cérebro quando acontece algum problema na sua vida. O cérebro só está tentando fazer seu trabalho, protegendo você da melhor maneira que sabe, mas muitas vezes acaba sendo um baita de um inútil. É como um amigo que se oferece para dar uma surra em qualquer um que lhe faça mal. Pode parecer prazeroso, mas a longo prazo não resolve nada.

Este livro também trata de como as atitudes dos outros nos afetam; das coisas que talvez não sejam traumáticas por si sós, mas que não facilitam nossa vida em nada; e das formas como lidamos com coisas que não chegam a ser traumas gigantescos, mas que com certeza também não são gatinhos, arco-íris e ursinhos de pelúcia. Assim como acontece com os traumas, depois de um tempo as estratégias de enfrentamento que criamos para essas situações tendem a ser desgastantes e cada vez menos úteis.

A boa notícia é que não importa há quanto tempo você esteja preso nessa areia movediça: você é capaz de reprogramar sua resposta e dar um jeito no seu cérebro, SIM.

Por que meu cérebro é essa bagunça?

Temos a tendência de separar a saúde mental da saúde física, como se uma não afetasse a outra num *ciclo sem fim*.

Coisas que aprendemos sobre o nosso cérebro geralmente se enquadram na categoria "saúde física". Já pensamentos, sentimentos e comportamentos são postos na caixinha "saúde mental".

Então, onde esse pensamento e esse sentimento se encaixam no nosso corpo? Às vezes temos a impressão de que nossa mente é um balão de hélio flutuando sobre a nossa cabeça o tempo inteiro. Estamos segurando o barbante, mas no fundo é como se ela não fosse parte de nós (embora sejamos responsáveis por tudo que há nela).

Essa imagem de um cérebro sem corpo não nos leva a lugar nenhum. Não faz o menor sentido.

E o que realmente sabemos sobre o cérebro é o seguinte: podemos dizer que parte dele mora no nosso intestino. Ali residem micro-organismos únicos que se comunicam de forma tão consistente com nosso cérebro real (através do eixo intestino-cérebro – é, isso existe mesmo) que são considerados quase que um segundo cérebro, exercendo o papel fundamental de guiar nossas emoções. Já teve uma reação instintiva? Então... ela veio do seu intestino.

Ou seja, em vez de ser uma coisa pouco conectada a nós e que nos coloca em apuros o tempo todo, na verdade nossa mente está bem no meio do corpo, agindo como um centro de controle, recebendo um monte de informações e tomando decisões antes mesmo de percebermos que uma decisão precisa ser tomada.

Nossos pensamentos, sentimentos e comportamentos vêm DESSE LUGAR. Estão profundamente enraizados em nosso corpo físico, em como o cérebro percebe o mundo ao redor com base em experiências do passado e informações atuais. Por isso, é *indispensável* saber como o cérebro funciona e o que acontece nele. Quando entendemos tudo e passamos a levar em conta seu funcionamento e nossas experiências do passado, vemos que a forma como respondemos ao mundo é completamente normal. Quando tudo corre bem e a aterrissagem é suave, não notamos nenhum problema. Mas, quando o pouso é complicado e o controle do tráfego cerebral não trabalha direito, nós

- surtamos;
- evitamos lidar com questões importantes que precisamos resolver;
- ficamos irritados o tempo todo;
- somos babacas com as pessoas de quem gostamos;
- ingerimos substâncias que sabemos que nos fazem mal;
- fazemos coisas idiotas, destrutivas ou sem sentido, mesmo que tenhamos consciência disso.

Nada disso leva a lugar nenhum. Mas tudo faz sentido.

Ao longo da vida acontecem coisas desagradáveis. Nesses momentos, o cérebro armazena informações sobre os problemas para tentar evitá-los no futuro. Seu cérebro se adaptou às circunstâncias da sua vida e começou a agir de modo a proteger você. Às vezes as respostas do cérebro são úteis. Mas às vezes se tornam um problema maior do que o problema original. Seu cérebro não está tentando sacanear você (só às vezes).

Mesmo que você não esteja lidando com um trauma específico, as estratégias de enfrentamento adaptativas, os maus hábitos e os comportamentos esquisitos se conectam de formas semelhantes. E pesquisas mostram que, na verdade, esses problemas estão entre os mais fáceis de tratar na terapia se atacarmos as causas deles, e não apenas seus sintomas.

Descobri que uma das coisas mais úteis que faço com meus pacientes é explicar o que acontece dentro do cérebro e de que forma o trabalho que fazemos na terapia pode alterar nossas respostas a certas situações.

As técnicas que trabalhamos na terapia (e as estratégias e habilidades que as pessoas descobrem por conta própria) fazem o cérebro processar as informações sem desencadear respostas exageradas. Essas respostas exageradas são a maneira que nosso cérebro encontra para se adaptar à situação e nos proteger sempre que enxerga alguma ameaça. É como se ativássemos o modo *batalha* no cérebro – mesmo que o "inimigo" seja uma pessoa aleatória ao seu lado na livraria, alguém que nem imagina que acabou de incomodar você.

Quando recuperamos o controle, podemos responder a essas ameaças percebidas de maneira mais segura e racional.

A seguir explico o que quero dizer com isso.

O abc do cérebro

Se tem uma parte complicada neste livro, é esta. Porque o cérebro é complicado pra caramba. Mas vou manter o nível de complexidade dentro do absolutamente necessário para explicar o que você precisa saber sobre o que está acontecendo. Então continue aí, vamos seguir em frente.

O córtex pré-frontal (vamos chamá-lo de CPF) – basicamente

a parte frontal do cérebro – é a área responsável pela *função executiva*, que inclui a resolução de problemas, os comportamentos com foco nos objetivos e o gerenciamento de interações sociais de acordo com as expectativas do que é "apropriado". Resumindo, a função executiva é o pensamento.

O CPF fica logo atrás da testa (por isso o "frontal" no nome). Essa foi a última parte do cérebro a evoluir, a parte que mais nos distingue das outras espécies, a que está encarregada de receber informações do mundo e, a partir delas, gerenciar nossos pensamentos e ações.

O CPF também é a parte que leva mais tempo para se desenvolver enquanto crescemos. Ele só alcança sua plena capacidade lá pelos 20 e poucos anos. Isso não significa que ele não exista em crianças, adolescentes e jovens adultos. E com certeza não significa que você tenha passe livre para fazer todo tipo de bobagem quando é mais novo. Mas, sim, que todas as nossas conexões cerebrais criam redes de comunicação novas e mais complexas – novas vias de comunicação – à medida que envelhecemos e nos tornamos mais sábios. E, se tudo correr bem, o CPF vai ficando cada vez melhor ao longo da vida – sem dúvida, um benefício do envelhecimento.

Mas grave bem essa parte do *se tudo correr bem*.

Por isso, teoricamente, o CPF é a parte do cérebro que está no comando.

E, como já era de esperar, ele é altamente conectado ao resto do cérebro. A parte occipital (a parte *de trás* do CPF... a bunda do CPF, por assim dizer) está diretamente ligada a uma área bem diferente do cérebro... a parte que armazena as emoções (daqui a pouco voltaremos a falar sobre ela). Além disso, ele recebe feedback da formação reticular do tronco cerebral ou tronco encefálico (não se preocupe, também falaremos sobre isso mais tarde).

Portanto, qualquer informação que seja enviada ao CPF por essas outras partes do cérebro afeta todo o pensamento. Há uma região do CPF chamada córtex cingulado anterior (CCA). O trabalho dessa região é gerenciar o diálogo entre o CPF (o cérebro pensante) e o sistema límbico (o cérebro sensível). O CCA medeia a conversa no cérebro entre o que sabemos e o que sentimos... e ao fim sugere o que devemos fazer com essa bagunça toda.

E a estrutura física dessa área é BEM esquisita. As células cerebrais dessa área são chamadas de neurônios fusiformes... parecem supermodelos altas e de pernas compridas, ao contrário das células curtas e parrudas do restante do cérebro. E os neurônios fusiformes são demais: enviam sinais muito mais rápido que os outros neurônios, por isso as respostas emocionais chegam a você a jato.

Mas por que essas células existem? E por que no cérebro? Só os seres humanos e os grandes primatas têm neurônios fusiformes. De acordo com muitos cientistas, essas células fazem parte da evolução que nos levou a ter uma capacidade cognitiva superior.

Para pensar mais, temos que sentir mais, e aí levar as duas partes em consideração na hora de tomar decisões. As emoções são tão importantes para a nossa sobrevivência quanto os pensamentos. Já sabe aonde eu quero chegar, né?

A tal da amígdala

Lembra daquela parte do cérebro que mencionei, chamada sistema límbico? Essa parte fica meio enterrada nas dobras do cérebro, atrás do CPF. Se o CPF cuida dos pensamentos, o sistema límbico cuida das emoções. E grande parte das emoções tem a ver com a forma como armazenamos nossas lembranças.

A amígdala e o hipocampo são duas partes fundamentais do sistema límbico. A maior parte do que sabemos sobre a forma como o trauma afeta o cérebro está ligada a pesquisas sobre a amígdala. O trabalho da amígdala é correlacionar lembranças a emoções. E pesquisas descobriram que ela armazena apenas *um tipo* de memória. Ela não dá a mínima para onde você deixou as chaves do carro, pois sua função é gerenciar a *memória autobiográfica episódica*. Basicamente, é armazenar o nosso conhecimento dos acontecimentos. Momentos, locais, pessoas – nada da receita de pudim de banana da sua tia-avó, mas suas histórias sobre o mundo e sobre como ele funciona. *As coisas que acontecem com você.*

Por que cargas d'água isso é importante? As memórias episódicas ficam armazenadas no hipocampo como nossas histórias – nossa interpretação dos eventos e nossas respostas emocionais a eles. São memórias ligadas a reações emocionais fortes. Se aconteceu alguma coisa importante na sua vida, as emoções ligadas a ela ficam presas a essa memória. Então, quando você tiver uma resposta emocional no futuro, a amígdala imediatamente acessará esse arquivo da memória autobiográfica para decidir como reagir.

Tudo que está interligado é acionado ao mesmo tempo.

Digamos que você tenha ganhado flores. Você adora flores, certo? Isso, claro, se as suas memórias das vezes que ganhou flores forem felizes. Talvez seu cônjuge tenha lhe dado flores uma vez e depois pedido você em casamento. Então, no futuro, quando você ganhar flores, vir flores ou passar por um carro de entrega de flores, vai ter bons sentimentos.

Mas digamos que você tenha perdido um ente querido de forma terrível e repentina. E passou pela cabeça de uma pessoa legal que você estava sofrendo e que seria uma boa ideia lhe mandar flores. O problema é que agora só de sentir o cheiro de flores você já fica enjoado.

A amígdala transformou a lembrança das flores em um *mnemônico atual* de certas emoções. (Um processo como usar a frase

"Minha Vó Tem Muitas Joias, Só Usa No Pescoço" para se lembrar do nome dos planetas na ordem certa: Mercúrio, Vênus, Terra, Marte, Júpiter, Saturno, Urano, Netuno e Plutão – isso quando Plutão ainda era um planeta!)

O trabalho da amígdala é evitar que você esqueça coisas muito importantes. Lembrar do que é bom e importante é uma maravilha. Ninguém reclama das lembranças boas. Mas lembranças constantes de coisas importantes e ruins são um saco.

E o problema é que a amígdala não sabe diferenciar uma coisa da outra, sobretudo quando está tentando proteger você. Para ela, associar "Minha Vó Tem Muitas Joias, Só Usa No Pescoço" aos nomes dos planetas é a mesma coisa que associar flores à morte. Aí uma hora você está andando na rua e sente o aroma das flores no jardim do vizinho e de repente fica mal, porque seu corpo está na rua, mas sua cabeça está no enterro do seu ente querido.

Lute, fuja ou congele. O tronco cerebral

E isso nos leva à última parte do papo sobre o cérebro, em que falaremos sobre o tronco cerebral (ou tronco encefálico).

O tronco cerebral é a base do cérebro. É a primeira parte do cérebro a evoluir e a que se liga às vértebras no pescoço e nas costas. Já percebeu que o cérebro lembra um amontoado de macarrão que passou do tempo de cozimento? O tronco cerebral é a parte do cérebro que está começando a se separar do resto dessa massa, alongando-se e fazendo a transição para se transformar na medula espinhal.

O tronco cerebral é uma ferramenta crucial de sobrevivência. Enquanto os músculos cardíacos regulam as necessidades básicas, como *inspirar e expirar* e *fazer o coração bombear sangue o dia todo*, o tronco cerebral controla a frequência, a velocidade e a intensidade dos batimentos. Assim, os batimentos aumentam durante uma crise de pânico, por exemplo, porque ATENÇÃO, VOCÊ PODE ESTAR MORRENDO!!! É uma função importante.

Estar alerta, consciente, atento ao que nos rodeia – tudo isso é tarefa do tronco cerebral.

Então, quando o tronco cerebral diz "Ei, presta atenção" ou "Perigo!", na verdade ele está inundando o CPF com um monte de neurotransmissores que mudam seu funcionamento.

O tronco cerebral é um pé no saco, mas comanda muita coisa. Quando ele pressente o perigo, as opções comportamentais do CPF passam a ser LUTAR, FUGIR ou CONGELAR.

Lutar é "Bate nele para não apanhar!"

Fugir é "Sai daí, isso não é seguro!"

E congelar é "Se você se fingir de morto ou der uma de desentendido, talvez acabe logo."

Não me leve a mal... Essas reações são essenciais quando estamos diante do perigo e fundamentais para a nossa sobrevivência. Todo esse processo é o nosso sistema de emergência, com os bipes soando ao fundo.

O CPF recebe informações externas. A amígdala diz "Eu lembro disso! Da última vez que isso aconteceu, doeu! E sentir dor é horrível!" Aí o tronco cerebral diz ao CPF: "Sai daí! A gente não gosta de dor!"

E então dizemos "Situação ameaçadora, preciso ir embora!", lutamos ou nos fingimos de morto para esperar a situação passar. E tudo pode parecer ameaçador: uma prova final ou um prazo no trabalho... mas esse tipo de situação não exige que você tenha uma reação do tipo SOCORRO, VOU VIRAR LANCHINHO DE DINOSSAURO. O problema é que o tronco cerebral evoluiu para evitar que você vire lanchinho de dinossauro, e NÃO para lidar com engarrafamentos e pessoas que batem no seu calcanhar com o carrinho de compras do supermercado (embora as pessoas que fazem isso sejam mais irritantes do que dinossauros).

O cérebro: um contador de histórias

Acho que todos nós entendemos a ideia de que os seres humanos são contadores de histórias. Mas só até certo ponto, porque não mencionamos que essa é uma função evolutiva. Isso se dá, em parte, porque as pesquisas nessa área são bem recentes, e também porque é meio estranho quando você para pra pensar sobre o assunto.

Não contamos histórias só porque queremos... nós *precisamos* contar histórias. É um impulso humano biológico. Na verdade, contar histórias é uma parte tão essencial de quem somos que fazemos isso até durante o sono. Por isso sonhamos.

O cérebro tem um modo padrão. Na verdade, praticamente tudo tem um modo padrão, certo? Uma espécie de estado de repouso. Um interruptor de luz desligado está no modo padrão. Ao ativá-lo, você acende a luz.

Quando o cérebro é ativado, é para se concentrar em alguma informação externa – um problema a resolver, alguém a quem dar atenção, algo que precisa ser feito e exige concentração e foco. No resto do tempo, o cérebro está no modo padrão. Acordado e consciente, mas geralmente descansando.

Os pesquisadores mapearam o cérebro no modo padrão... e é aí que a coisa fica realmente interessante. No modo padrão, o cérebro é um contador de histórias.

O cérebro fica em estado de repouso quando contamos histórias. Você com certeza já se pegou fazendo isso. Você está no carro, dirigindo para casa. Não precisa prestar atenção em nada, conhece bem o caminho, não está absorto na atividade. Está na hora de ativar o modo contador de histórias! Nesse momento, você começa a contar a si mesmo uma história sobre o que vai cozinhar para o jantar, o que vai ver na TV ou tudo que precisa fazer. Essas conversas não vêm na forma de uma lista de lembretes em tópicos – é como se você realmente vivenciasse seus planos passo a passo, como numa história.

Na maioria das vezes, ter um cérebro contador de histórias é maravilhoso.

- As histórias costumam ser ensaios para acontecimentos da vida, o que as torna muito úteis se estivermos nos preparando para testar uma nova habilidade.
- As histórias nos permitem armazenar mais informações. O CPF armazena uma média de sete informações (esse número costuma variar até duas para cima ou para baixo). Quando tentamos armazenar mais do que isso, começamos a eliminar coisas da lista. Mas as histórias nos ajudam a guardar mais informações porque criam caminhos para nos lembrarmos de muito mais coisas do que seríamos capazes.
- As histórias são nosso principal meio de comunicação com os outros. De acordo com o médico e pesquisador Lewis Mehl-Madrona, elas são as vias neurais do nosso cérebro cultural coletivo. A questão não se resume a como guardamos as informações internamente, mas também a como as compartilhamos externamente.

Acontece que o cérebro contador de histórias também pode ser um problema sério. Começamos a contar a nós mesmos certas histórias sobre nós e tudo mais ao nosso redor – e acreditamos nelas! O cérebro está programado para ter certeza. *Queremos* encontrar padrões em tudo que acontece para tomar melhores decisões sobre como nos manter em segurança, e o cérebro – esse cabeça-dura – monta uma história que dita o que é real e verdadeiro a respeito do mundo.

Você já passou por isso? Por mais que as evidências diante dos seus olhos digam uma coisa, seu cérebro não larga de jeito nenhum uma decisão que já tomou. É por isso que as eleições são tão malucas. Por isso que as pessoas perdem fortunas em jogos de azar. O cérebro emocional toma uma decisão por nós e o cérebro pensante que se vire para encontrar uma razão para isso.

O cérebro é capaz de racionalizar qualquer coisa.

Sim, você pode reeducar seu cérebro

O cérebro é maleável e pode ser treinado. Não acredita? Pois deveria. Se você é um daqueles que precisam ver para crer, vá ao YouTube e procure "irmãos Lumière a chegada do trem". É um vídeo de menos de um minuto. Eu espero aqui.

Agora imagine: o ano é 1895 e estamos em Paris. Os irmãos Lumière foram os pioneiros da fotografia que apresentaram a primeira "imagem em movimento" ao público numa exposição de arte. Eles estavam entusiasmados com o projeto, mas não obtiveram a resposta esperada – quando assistiram ao vídeo do trem vindo em sua direção, os espectadores surtaram, começaram a berrar aterrorizados e se esconderam sob os assentos. Todos eles.

O cérebro recebeu a informação visual e alertou os presentes: "O TREM VAI ATROPELAR VOCÊ! SAIA DE CIMA DOS TRILHOS AGORA MESMO, SEU IDIOTA!"

Isso porque os trens eram perigosos e até então não existiam imagens de trens em movimento. O cérebro das pessoas que assistiram ao clipe enxergou o trem como uma realidade, não como um filme.

Agora vamos voltar para o presente: seu cérebro surtou quando você assistiu ao vídeo? Claro que não. Você sabe que é uma gravação. Seus mecanismos neurais foram treinados para distinguir uma imagem de trem de um trem de verdade.

E agora o seu cérebro precisa aprender a distinguir perigo real de perigo percebido. Lembre-se de que o cérebro de todos nós tem dificuldade para fazer essa diferenciação, sobretudo quando o assunto é sobrevivência, como a criança que chama todos os animais de *cachorrinho* até aprender que também existem *cavalinhos, gatinhos, boizinhos* e *tubarões-brancos*. Nosso cérebro vê qualquer situação como um cachorrinho.

O cérebro supõe que toda situação é perigosa até ser convencido do contrário. A amígdala não confia na interpretação do CPF. No instante em que o CPF está pensando "Humm, que animal será esse?", a amígdala já assumiu o controle e está gritando CACHORRINHO!

Estou misturando muitas metáforas. Desculpe. Simplificando: temos que devolver o comando ao CPF. Deixar que ele decida se é um cachorrinho de verdade ou outra coisa. Temos que convencer o CPF e a amígdala a fazerem as pazes e se concentrarem apenas em seus respectivos trabalhos, o que significa trabalhar EM PARCERIA.

É oficial: você não é louco — é uma profissional que está lhe dizendo

Sim, você acabou de ler muita coisa sobre o cérebro, mas eram informações importantes que mostram que tudo aquilo que fazemos, pensamos e sentimos *faz sentido*.

Se você está na defensiva, beligerante, se acha que está enlouquecendo ou está se sentindo completamente fechado e desconectado do mundo – isso é o seu modo de sobrevivência em ação. O problema é quando isso acontece em situações que não são emergências reais com risco de vida. A amígdala sequestrou sua capacidade de administrar a situação de maneira racional usando o CPF.

Assim, em vez de pensar "Vamos examinar a situação, ter conversas racionais e depois ver como responder com foco no que vai nos beneficiar a longo prazo", sua amígdala simplesmente grita "FOGE E SE ESCONDE!" e todas as respostas racionais vão pro espaço.

Isso não é nem de longe ruim. É exatamente o tipo de reação que precisamos ter quando ouvimos tiros, por exemplo. Quando encostamos sem querer numa grelha quente, é melhor passar por cima da função executiva. Do contrário, enquanto a mão queimasse e vivenciássemos toda uma desconstrução intelectual da experiência, a amígdala e o tronco cerebral ficariam berrando TIRA A MÃO DAÍ em segundo plano. Você não está em um filme experimental pós-moderno – está vivendo a sua VIDA. Precisa de um cérebro que funcione para mantê-lo vivo, não só para lembrar a senha do cadeado do seu armário da sexta série e das letras das músicas da Taylor Swift.

Mas, nesse processo, o cérebro também nos protege de tudo que *percebe* como perigo, não só do perigo *real*, e nossa capacidade de diferenciar o perigo real do perigo percebido é imperfeita. O cérebro vai errar por excesso de cautela e agir desnecessariamente em certas situações.

Digamos que você esteja no mercado e de repente, andando pela seção de floricultura, seu cérebro dê o alarme: "FLORES! ABORTAR MISSÃO!" Nessa hora você tem uma crise de pânico e sai correndo do mercado antes de desmaiar. E nem comprou as coisas de que vai precisar para fazer o jantar.

Depois do acontecido você pensa: "Hum, aquilo ali era só a

seção de floricultura. Eram apenas alguns cravos e rosas. Ninguém morreu, e agora vou ter que comer miojo de novo." Ou talvez nem saiba ao certo por que perdeu a cabeça e esteja pensando: "Cara, será que eu pirei de vez?"

Essa parte racional, do "Eram apenas alguns cravos e rosas", exige a *discriminação de estímulos*, a capacidade de discernir se algo é realmente perigoso ou não.

A discriminação de estímulos tem a ver com pensamento, não com emoções. Ou seja, acontece no CPF, e o problema é que quando o tronco cerebral entra no modo pânico fica muito difícil fazer o CPF voltar a funcionar. Mas isso é possível, e vamos falar sobre como treinar o cérebro para reagir da maneira que melhor se adapta à vida como ela é *agora*, não como era *no passado*.

Nossa resposta de discriminação de estímulos é baseada em todos os nossos hábitos e experiências do passado, e essa resposta está ainda mais arraigada se essas experiências foram traumáticas. Se um estímulo está ligado a uma memória forte, o corpo começa a disparar hormônios e neurotransmissores a fim de se preparar para a resposta. O cérebro não tem tantos pensamentos novos assim, apenas configurações diferentes e mesclas de pensamentos antigos.

É por isso que alguns veteranos da Guerra do Iraque surtam ao ver lixo na beira da estrada: eles dirigiram por áreas repletas de artefatos explosivos improvisados.

É por isso também que uma pessoa que sofreu abuso no passado pode surtar ao sentir um cheiro que associe ao abusador.

O cérebro conhece a própria história, foi treinado para fazer o possível para se manter em segurança. Com base em informações do passado, ele cria histórias sobre o que você está vivendo agora ou sobre possíveis experiências futuras. Ele não percebe ou não tem certeza de que você esteja seguro.

TOME UMA ATITUDE: ENTENDA O QUE É GATILHO

A palavra *gatilho* tomou conta da internet, mas, no nosso contexto, um gatilho é apenas a *causa* em uma situação do tipo causa e efeito.

Às vezes sabemos exatamente quais são nossos gatilhos. Por exemplo, talvez você já saiba que um primeiro encontro, um discurso em público ou uma reunião com seu chefe vai mandar sua ansiedade para as alturas. Ou que vai ficar tenso porque tem que fazer uma viagem de carro e sabe que no trajeto não há um lugar limpo para fazer uma parada e descansar, com um banheiro que não seja um verdadeiro esgoto.

Mas às vezes você não tem nenhuma pista de quais são os seus gatilhos. Assim como acontece com todos os outros problemas de saúde mental, talvez você tenha uma predisposição genética para certas reações e/ou elas sejam um produto do ambiente em que você cresceu ou em que está vivendo agora. E isso pode dificultar a tarefa de descobrir o que faz sua ansiedade disparar.

Da próxima vez que sentir que está começando a surtar, faça a si mesmo as perguntas a seguir. Depois, quando já estiver calmo, anote as respostas:

- Que emoção específica você estava sentindo?
- Numa escala de 0 a 10, como você classificaria essa emoção em termos de intensidade?
- Quais sintomas específicos você teve (qual foi sua *resposta* emocional)?

- O que mais estava acontecendo quando você foi tomado por essa emoção? Anote tudo que estava acontecendo, por mais insignificante que pareça. Descobrimos nossos gatilhos quando identificamos padrões que se repetem ao longo do tempo.

Outro método é manter um diário para monitorar seu humor (pode ser um aplicativo ou um diário físico). Parece trabalhoso, mas pode ajudá-lo a descobrir seus gatilhos, pelo menos até você aprender a fazer isso mentalmente ao longo do dia. A seguir, um guia rápido de como criar um diário para monitorar seu humor.

MONITORAMENTO DE HUMOR SEMANAL

	Humor	Situação	Intensidade (0-10)	Sintomas
Segunda				
Terça				
Quarta				
Quinta				
Sexta				
Sábado				
Domingo				

2

Como o trauma reconfigura o cérebro

Senhora, que diabo você quer dizer com trauma?

Um *trauma* é um evento que não se encaixa em nossa compreensão de como o mundo deveria funcionar. Uma *resposta ao trauma* se dá quando não temos a capacidade de lidar com o que ocorreu e o acontecimento passa a afetar outras áreas da nossa vida.

Muitas coisas podem funcionar como um trauma. Para falar a verdade, muita coisa extremamente traumática para muitas pessoas não entra na lista de traumas nos nossos manuais de diagnóstico. Isso me tira do sério, porque na prática muita gente sente vergonha, achando que seu trauma não foi traumático o suficiente para merecer atenção. Bobagem. Porque, deixando de lado os termos e as definições, um trauma é uma situação que vivemos e nos faz pensar: "Que droga foi essa?"

Um trauma pode ser um acidente, uma lesão, uma doença grave, uma perda… *ou qualquer tipo de situação de vida que arrebente com você*.

No fim das contas, todos nós vivemos os traumas de maneira diferente e somos afetados por tantas coisas que não dá nem para listá-las. Ao criarmos uma lista apenas com as grandes categorias "diagnosticáveis", estamos desconsiderando outras experiências que não deveriam ser descartadas.

De acordo com uma estimativa, aproximadamente metade dos americanos sofrerá um trauma diagnosticável, embora estudos mais recentes calculem que esse número esteja beirando os 75%. E cerca de sete ou oito em cada 100 pessoas terão TEPT (transtorno de estresse pós-traumático) em algum momento da vida. *E aqui estamos nós, falando só dos traumas diagnosticados.* As "regras" oficiais para diagnosticar uma resposta ao trauma são bem restritas, o que significa que esse número certamente é muito superior a 8%.

Por exemplo, todos conseguimos ver que sofrer abuso na infância é um trauma, mas ser alvo de bullying não necessariamente, embora muitas pessoas tenham tirado a própria vida porque sofreram bullying. Então deixe as listas de lado, porque o trauma vai além. Em vez disso, acredite quando digo que *suas experiências e reações são válidas e reais e você merece cuidados e a oportunidade de se curar.*

Não sabemos por que cada pessoa considera certas coisas piores do que outras. Sei que é esquisito, mas cada um é de um jeito. A *vida, as histórias e as experiências* de todos são diferentes, assim como nossas *predisposições genéticas.*

Hoje a gente sabe que o trauma pode até criar alterações genéticas capazes de ser transmitidas de geração em geração. Se seu bisavô, seu avô ou seu pai sofreu um trauma sério, você está programado para ter uma resposta diferente de alguém com parentes que não passaram por muitos dramas na vida. Nossos genes influenciam nossas respostas ao trauma, e nossas respostas ao trauma influenciam nossos genes.

Você só pode estar brincando, cérebro! Por que não vai catar coquinho?

No nível físico, resposta ao trauma = sequestro emocional.

Além de tudo, existem diferentes níveis de intensidade na resposta da amígdala. Às vezes não temos um trauma propriamente dito, mas reparamos em padrões e hábitos estranhos em nosso pensamento e nosso comportamento ao longo do tempo. Às vezes não entramos no modo surto, mas temos a sensação de que estamos gastando mais energia do que o normal para levar a vida, e ninguém quer ficar suando de esforço meses e anos a fio só para seguir vivendo.

Resumindo: todos nós temos pontos fracos e todos somos suscetíveis. Mas, por alguma razão, às vezes aguentamos firme e às vezes perdemos a cabeça. Por quê?

Como o cérebro lida com os traumas

Sabe aquelas coisas pavorosas que acontecem com a gente? As coisas que consideramos mais tenebrosas? Esses eventos terríveis nem sempre causam uma resposta de longo prazo ao trauma.

Cerca de dois terços das vezes, quando sofremos um trauma, o cérebro não age como um babaca. Isso significa que, *na maioria das vezes*, conseguimos encontrar uma maneira de entender o acontecimento traumático e nos recuperar dele sem maiores consequências a longo prazo. Isso não significa que você não teve que lidar com algo horrível de verdade, apenas que foi capaz de atravessar sua experiência sem sofrer um sequestro emocional de longo prazo.

Num mundo perfeito, coisas ruins simplesmente não aconteceriam, mas na prática a gente sabe que não é assim. O segundo melhor cenário é aquele no qual, quando algo ruim acontece, a gente se esconde e sai ileso da situação. E, sim, é isso que acontece na maioria das vezes. Olhe para trás, para todas as bizarrices com que teve que lidar ao longo da vida e que não o fizeram ficar totalmente louco. Isso não quer dizer que você se recuperou desses traumas imediata e perfeitamente, certo?

Na maioria das vezes, *levamos uns três meses para restabelecer o equilíbrio após um trauma.* Ou seja, depois de cerca de 90 dias, nossos sensores emocionais param de operar no modo alerta e voltam ao normal.

Claro que usar a palavra *normal* nessa situação é bobagem. Não fica tudo normal de verdade, por melhor que tenha sido a sua recuperação. Traumas nos mudam para sempre. Portanto, esse normal está mais para um *novo normal*. Encontramos uma forma de viver e lidar com a situação traumática, de enfrentar a perda do mundo que existia no passado e aceitar o que existe agora. Ainda temos sentimentos em relação ao que aconteceu – sentimentos que talvez nunca desapareçam de vez. Mas depois de uns meses a amígdala não está mais descontrolada. Modo sequestro desativado.

O problema é que em aproximadamente um terço das vezes, não nos recuperamos bem de um trauma a ponto de poder viver no novo normal. Em vez disso, temos uma resposta ao trauma e desenvolvemos transtorno de estresse pós-traumático (TEPT).

O que é TEPT? O dicionário *Oxford* o define da seguinte forma:

"Condição de estresse mental e emocional persistente que ocorre como resultado de lesão ou choque psicológico grave, em geral envolvendo transtornos do sono e lembranças vívidas constantes da experiência, com respostas entorpecidas aos outros e ao mundo exterior."

É uma boa definição. Elaborada. Mas a versão desagradável é: *TEPT é a incapacidade de se recuperar de um evento traumático.* E o TEPT faz da nossa vida um INFERNO.

O Centro Nacional do Transtorno de Estresse Pós-Traumático, que pertence ao Departamento de Assuntos de Veteranos dos Estados Unidos, fez pesquisas a esse respeito. Então, o que torna você mais propenso a desenvolver TEPT? Muitos dos indicadores encontrados fazem todo o sentido:

- Ser exposto diretamente como vítima ou testemunha presencial do evento traumático.
- Ter vivido uma situação muito grave ou ficado gravemente ferido como resultado do incidente.
- Sofrer traumas de longa duração.
- Acreditar que você ou um ente querido estava em perigo e ter se sentido impotente para proteger essa pessoa ou a si mesmo.
- Ter uma resposta física ou emocional grave durante a situação traumática.

Nossos antecedentes também podem nos tornar mais suscetíveis a uma resposta ao trauma:

- Ter sofrido outros traumas quando jovem.
- Ter outros problemas de saúde mental ou familiares que os tenham.
- Ter pouco apoio de familiares ou amigos, seja por não ter muitas pessoas que possam dar esse apoio ou por estar cercado de pessoas que não entendem sua experiência.
- Ter passado recentemente por mudanças estressantes na vida ou perdido um ente querido.
- Ser mulher ou pertencer a um grupo cultural minoritário (é estatisticamente mais provável que você sofra traumas nesses casos).
- Usar substâncias que alterem o nível de consciência mental, como drogas ou bebidas alcoólicas.

- Ser mais jovem.
- Ter menos escolaridade.
- Vir de um grupo cultural ou um sistema familiar que não tem tanta abertura para que você fale sobre seus problemas.

Acho que nada nessa segunda lista surpreende. Mas o último item é FUNDAMENTAL. Leia de novo. Quando falamos sobre nossos problemas, eles melhoram.

Mas por quê? E por que algumas pessoas são afetadas pelo TEPT e outras não? Como a ciência explica isso?

A questão não é bem a natureza do trauma nem sua gravidade. Também não tem tanto a ver com nossas experiências e a maneira como funcionamos. Claro que tudo isso impacta nossa capacidade de recuperação, mas se fosse tão fácil poderíamos criar um fluxograma para identificar de antemão quem vai desenvolver TEPT e quem não vai. Só que isso não existe, porque a maneira como nos recuperamos tem tanto a ver com nossos presente e futuro próximo quanto com nosso passado.

Pesquisas mostram que, quando não alcançamos um novo normal, é porque a capacidade cerebral de processar a experiência foi interrompida nos primeiros 30 dias seguintes ao trauma. É por isso que o TEPT não pode ser diagnosticado no primeiro mês. Ainda não sabemos se vamos dar a volta por cima.

Esses primeiros 30 dias são críticos. Precisamos de tempo e espaço para nos recuperar, processar o que aconteceu, encontrar formas de entender como queremos que o mundo funcione e como a nossa vida vai realmente se desenrolar. Nesse momento, precisamos de suporte relacional. O cérebro é programado para se conectar, e melhoramos quando nos conectamos com outras pessoas.

Não ter esse tempo e essas conexões é um indicador bem forte de que estamos entrando no território da resposta ao trauma.

E muitas vezes não temos esse tempo ou essas pessoas ao nosso redor por boas razões.

De modo geral, traumas não são experiências isoladas. Eles costumam ser complexos e contínuos. Por exemplo, pessoas que estão em relacionamentos abusivos sabem muito bem que raramente o abuso se dá uma vez só. A violência é cíclica e interminável. Se você serve nas Forças Armadas ou trabalha numa profissão de alto risco, passa com bastante frequência por coisas terríveis e sabe que elas podem ocorrer a qualquer minuto de qualquer dia. Durante os primeiros 30 dias, o trauma nos coloca no modo sobrevivência. E ele pode vir de forma tão rápida e avassaladora que não temos um segundo sequer para parar e respirar. Assim, o cérebro simplesmente deixa de processar o trauma para podermos continuar sobrevivendo.

Na verdade, o cérebro está protegendo você quando diz: "Ainda estamos na trincheira e não podemos lidar com tudo isso agora!"

Às vezes essa resposta não é causada por um trauma contínuo, mas pelas exigências do dia a dia. Não temos tempo nem espaço para nos recuperar da experiência de luto, porque temos que nos levantar de manhã, ir trabalhar, dar comida para o cachorro, encontrar o tênis esquerdo que nosso filho não sabe onde enfiou. O cérebro sobrecarregado chega ao limite. Muitas vezes cuidar de nós mesmos se torna um luxo que não podemos ter, quando na verdade é uma necessidade que não podemos ignorar.

E às vezes o cérebro simplesmente não conta com mecanismos para processar o trauma. Não importa quanto tempo e espaço tenhamos para nos recuperar, pode ser que acabemos não descobrindo o significado da experiência traumática, algo necessário para podermos seguir em frente. É o cérebro contador de histórias de novo, travado, contando a mesma história que simplesmente não funciona.

Seja qual for o motivo, o cérebro pode interromper o processo de cura a qualquer momento, e quando isso acontece o "novo normal" se torna uma experiência moldada pelo trauma, não uma experiência de cura. Começamos a evitar qualquer lembrança do trauma, porque só nos sentimos seguros compartimentalizando.

E a verdade é que o ser humano é altamente adaptável. As técnicas de evitação podem funcionar muito bem por um bom tempo.

Como é o trauma num dia qualquer

Como você sabe que está lidando com um trauma?

Quando começa a viver a vida sob a influência de uma experiência traumática (seja um TEPT total ou não), você consegue enxergar sinais de que o cérebro está utilizando estratégias adaptativas para lidar com ela. O que é apenas uma maneira mais elaborada de dizer que somos muito bons em criar ótimas estratégias para evitar nossas respostas ao trauma, para não termos que lidar com elas. Mas não adianta construir uma casa em um terreno instável. Com o tempo as rachaduras começam a surgir.

- *Reatividade e excitação*. Quando isso acontece, a amígdala está sempre pirada e você fica assustado diante de situações em que não deveria ou não queria estar se sentindo assim. Talvez você saiba o porquê, talvez não. Mas é possível que o seu cérebro considere algo uma ameaça – algo que você nem sabe o que é –, e de repente você se vê desmoronando no chão, no meio do mercado.
- *Evitação*. Você passa a evitar coisas que desencadeiam a excitação. Ir ao mercado foi ruim? Posso fazer as compras pela internet. Não preciso sair de casa para isso.

- *Intrusão*. Pensamentos, imagens, memórias relacionadas à experiência traumática começam a pipocar na sua cabeça. As coisas das quais seu cérebro estava protegendo você não desaparecem e começam a vir à tona sem o seu consentimento. Isso é diferente da ruminação, em que você escolhe se ocupar com uma lembrança ruim. As coisas aparecem na sua cabeça quando você menos espera e você não consegue lidar com tudo.
- *Efeitos negativos sobre a cognição e o humor*. Com tudo isso acontecendo, é totalmente natural que você nunca se sinta bem de verdade, às vezes nem mesmo mais ou menos.

Esses são os quatro principais cavaleiros do apocalipse do TEPT. É assim que diagnosticamos o TEPT em seu ápice. Quando esses sinais aparecem, significa que em algum nível você está revivendo o trauma na sua cabeça.

Mas nem todo mundo que tem uma resposta ao trauma tem TEPT. Ao fim e ao cabo, o diagnóstico de TEPT é feito com base numa lista de verificação. A pessoa que está avaliando você para esse diagnóstico vai tentar encontrar pelo menos alguns desses sintomas. Desse modo, existem pessoas que atendem a alguns dos critérios do TEPT, mas não o suficiente para justificar um diagnóstico.

Mas não atender aos critérios de diagnóstico de TEPT não significa que você esteja curado nem o faz se sentir melhor como num passe de mágica. Você claramente não está bem agora, e a chance de que isso piore é bem grande.

O Departamento de Assuntos de Veteranos dos Estados Unidos descobriu isso ao estudar os socorristas que trabalharam no 11 de Setembro. Das pessoas que tiveram sintomas de resposta ao trauma, mas não TEPT, 20% apresentaram um aumento de sintomas que, dois anos depois, ao serem reavaliadas, as levaram a um diagnóstico de TEPT. Puxa, *quem poderia imaginar* que, se você revive o trauma de forma contínua, essas conexões vão ganhando força no seu cérebro?

Quem está ao nosso redor às vezes tem muita dificuldade para entender os pensamentos, sentimentos e comportamentos que resultam da nossa resposta ao trauma – às vezes até nós mesmos. Você já teve um momento em que pensou: "Que maluquice é essa, cérebro?" Na hora a sensação é de que não temos ideia do que está acontecendo, e as pessoas que nos amam se sentem impotentes diante da situação.

Mas vamos pegar leve com o cérebro por enquanto, porque ele também está tentando entender o que está acontecendo. São coisas que podem não fazer o menor sentido para ele. Quando isso acontece, o cérebro fica ultrarreativo e exige que você responda de forma exagerada a certos eventos. Ele faz você se lembrar das suas experiências passadas. E essas memórias desencadeiam emoções negativas. Nesse momento seu cérebro reage para proteger você, mesmo que não pareça.

Então, a que tipos de sintoma devemos estar atentos? Boa pergunta! A lista é bem longa.

Revivendo os sintomas do trauma

- Sentir que está revivendo o trauma, mesmo que ele tenha passado e você esteja fisicamente seguro no momento.
- Sonhar que está vivendo o evento traumático (ou talvez um evento semelhante).
- Ter uma resposta emocional exagerada quando algo ou alguém o lembra do trauma. Você pira, mesmo estando seguro, e tem sintomas físicos (taquicardia, sudorese, desmaio, dificuldade para respirar, dor de cabeça, etc.).

Evitando as memórias do trauma

- Fazer coisas para desviar a atenção dos pensamentos ou sentimentos sobre o trauma e/ou evitar falar sobre ele quando o assunto surgir.
- Evitar coisas associadas ao trauma – pessoas, lugares e atividades. Muitas vezes essa evitação vai crescendo com o passar do tempo. Primeiro você começa a não passar pela rua onde sofreu um acidente. Depois pelo bairro. Depois para de dirigir de vez.
- Ter necessidade de se sentir no controle em todas as situações. Por exemplo, em locais públicos você passa a se sentar em lugares que pareçam mais seguros, evita se aproximar dos outros, foge de multidões. (Se você é profissional de uma área em que o treinamento de segurança é importante, essa reação pode ser automática e não necessariamente significa que tenha TEPT.)
- Ter dificuldade de se lembrar de aspectos importantes do trauma (bloqueio).
- Sentir-se totalmente entorpecido ou apartado de tudo ou quase tudo.
- Não ter interesse por atividades regulares e divertidas. Sentir-se incapaz de gostar das coisas, mesmo que sejam agradáveis.
- Sentir-se desconectado dos seus sentimentos e humores em geral. Como se você não sentisse... nada.
- Não enxergar um futuro para si – como se você não fosse capaz de enxergar uma melhora, como se estivesse fadado a viver a mesma vida até o fim.

Outros sintomas médicos ou emocionais

- Dor de estômago, dificuldade para comer, desejo de comer apenas alimentos com açúcar (mais reconfortantes para um corpo sob estresse).
- Dificuldade de dormir. Ou dormir demais, mas um sono de baixa qualidade. Nos dois casos, a pessoa vive exausta.
- Não dar a mínima para cuidados pessoais (exercícios físicos, alimentação saudável, ir ao médico regularmente, sexo seguro).
- Utilizar substâncias (drogas, bebidas alcoólicas, nicotina, alimentos) ou comportamentos (jogos de azar, compras ou agir de forma irresponsável com o intuito de produzir endorfina, como se meter em situações de perigo físico) para amenizar os sintomas do trauma.
- Ficar doente com mais frequência ou perceber que problemas físicos crônicos estão piorando.
- Ansiedade, depressão, culpa, nervosismo, irritabilidade e/ou raiva. (INÚMEROS diagnósticos de transtorno mental são, na verdade, apenas respostas a traumas que não estão sendo tratados da forma adequada.)

Agora vemos que é mais que natural confundirmos uma resposta ao trauma com outro diagnóstico. Nesses casos, o diagnóstico fácil é o de TEPT. Mas as respostas ao trauma, como falei, podem estar escondidas. Depressão e ansiedade são dois bons exemplos. Às vezes as respostas ao trauma podem até assumir a forma de transtorno bipolar ou esquizofrenia. Trabalhei com pessoas que tinham sido diagnosticadas com um distúrbio mental, como a esquizofrenia, mas, quando começamos a conversar sobre o que diziam as "vozes" que elas ouviam, ficou claro que eram flashbacks de traumas. Os traumas também podem se disfarçar de transtorno do déficit de atenção com hiperatividade (TDAH), raiva e irritabilidade, dificuldades de relacionamento e distorção do senso de certo e errado.

Não há nada de errado com nenhum desses outros diagnósticos em si. Eles podem ser necessários para você saber como se tratar. Também são uma ferramenta útil para os médicos. E esses diagnósticos podem existir por conta própria, sem ter sido causados por um trauma. Mas, quando o trauma é a raiz de tudo, fica mais difícil obter ajuda de verdade.

E é assim que nos preparamos para o fracasso. É mais fácil tratar os diagnósticos relacionados ao trauma do que muitos outros problemas de saúde mental *desde que a gente entenda que os sintomas são apenas reações ao problema em si e trabalhe a partir desse entendimento.*

É completamente possível dar um jeito no cérebro.

Ainda assim meu cérebro está mal. O que está acontecendo?

Você está lendo este livro porque concluiu que tinha que arrumar essa bagunça, mas o que você tem talvez não seja um trauma. De qualquer forma, você não gosta do que está acontecendo na sua cabeça e quer dar um jeito nisso.

Talvez você tenha o hábito de reagir menos intensamente do que se costuma reagir a um trauma, mas o funcionamento é basicamente o mesmo. Ainda que sua amígdala não tenha sofrido um sequestro emocional, suas memórias e emoções ainda estão conectadas. Sua amígdala tem o péssimo hábito de tornar sua vida mais difícil de maneiras bem cretinas.

O que é um hábito? *É uma tendência ou prática estabelecida ou regular, quase sempre difícil de abandonar.* Nós fazemos algo e, se funcionar, continuamos fazendo a coisa que continua funcionando. Em algum momento, talvez tenha parado de funcionar tão bem, de repente pode até ter parado totalmente de funcionar, mas o idiota do cérebro continua achando que funciona, porque não descobriu uma opção melhor. Então segue desencadeando uma resposta da amígdala, ligando a memória à emoção. Pode não ser uma resposta exagerada ao trauma, mas, seja como for, ela existe.

Por isso os vícios são tão difíceis de tratar. A partir do momento em que automatizamos uma reação específica, aprender a PARAR com ela é realmente difícil. Daí o capítulo "Vício" deste livro. Mesmo que você diga "Não sou viciado em heroína, só uso de vez em quando", leia o capítulo. Vai ser bom para todos.

Afinal, comportamentos e padrões de pensamento podem ter características de vício.

Por exemplo, talvez você tenha crescido numa casa onde ninguém falava sobre os sentimentos. Não era algo encorajado e todo mundo ficava sem jeito quando você tentava falar das suas emoções. Com isso, você aprendeu rapidamente que falar sobre os sentimentos era contra as regras. Você não sofreu abuso, não existe um trauma. Mas, na mesa de jantar, se dissesse "Minha melhor amiga e eu brigamos hoje, e estou muito triste e com raiva", ouviria uma resposta do tipo "Isso acontece, querida... por favor, passe as batatas".

Portanto, se você tentava expressar seus sentimentos e costumava ser desencorajado, provavelmente criou uma conexão cerebral que diz que esse tipo de conversa deixa as outras pessoas desconfortáveis. Talvez isso tenha provocado em você sentimentos de culpa, ansiedade ou frustração.

Hoje, décadas depois, você quer falar sobre seus sentimentos, mas o que acontece? Você entra num estado de confusão mental. Ansiedade, culpa, frustração. E não faz ideia do motivo.

A boa notícia é que este livro também serve para casos como o seu. E vai fazer efeito mais rápido, porque esse tipo de história não tem o sulco profundo do trauma. Você não vai precisar criar uma reestruturação complexa, mas apenas reconhecer padrões e entender claramente o que acontece. Você vai acabar com isso rapidinho.

O que fazer se eu amo alguém com uma história de trauma grave?

Situação difícil, né? Você está com alguém que ama muito e que tem lutado para se recuperar do trauma. Você quer AJUDAR, e a pior sensação do mundo é se sentir incapaz disso. Nesse tipo de situação você corre o risco de sofrer um *burnout* grave e traumas secundários, porque o fato é que assistir a alguém lidar com um trauma pode ser uma experiência traumática por si só.

É importante lembrar destas duas coisas:

- Essa batalha não é sua.
- Mas as pessoas melhoram quando têm relacionamentos nos quais recebem apoio.

Essa batalha não é sua. Não cabe a você estabelecer os parâmetros nem determinar o que pode melhorar ou piorar a situação. Por mais que conheça a pessoa, você não sabe quais são os processos internos dela. Talvez nem *ela* conheça os próprios processos internos. Se você a conhece bem, talvez saiba muito sobre ela, mas não está na pele dela.

Não adianta nada dizer a essa pessoa o que ela deve fazer, sentir ou pensar, mesmo que você esteja coberto de razão. E, mesmo que essa pessoa faça o que você diz, você está tirando dela o poder de realizar o trabalho necessário para assumir o controle da própria vida. Se você sempre estende a mão para tirar a pessoa do buraco, está limitando a capacidade de recuperação dessa pessoa.

Mas as pessoas melhoram quando têm relacionamentos nos quais recebem apoio. A melhor coisa a fazer é perguntar ao seu ente querido como você pode apoiá-lo nesse momento de dificuldade. Esse é o tipo de plano de ação que você pode criar junto com um psicoterapeuta (caso você ou mesmo os dois tenham um) ou perguntar à própria pessoa numa conversa particular.

Pergunte. Pergunte se a pessoa quer ajuda para dar uma volta quando o gatilho for acionado, se ela precisa de um tempo sozinha, de um banho quente, de uma xícara de chá. Pergunte o que você pode fazer e faça, caso seja saudável.

Para a pessoa que está passando pela dificuldade, talvez valha a pena contar com uma ajuda profissional. Se for possível, pergunte a esse profissional qual é o SEU papel no tratamento. Assim, você conhecerá os limites do outro e não criará cenários nos quais poderá ter um papel de salvador ou de facilitador de um comportamento perigoso e/ou autossabotador.

Talvez você precise definir limites claros. Talvez precise se proteger. Isso não é só para o seu próprio bem-estar, pois o ajudará a mostrar a seu ente querido a importância dessas ações.

Ame a pessoa que está passando pela dificuldade como um todo. Lembre-a de que o trauma não a define como ser humano. Permita que ela enxergue as consequências do comportamento que adota e comemore com ela as mudanças em prol de uma vida mais saudável. Seja você o relacionamento que ajuda na jornada de cura.

TOME UMA ATITUDE: NOMEIE ESSE DESGRAÇADO

Dê às suas reações negativas um nome, uma persona real. Pode ser o nome de um ex péssimo, de um professor horroroso da época de escola ou de um político que você odeie. Crie um personagem completo para essa maldita reação. As emoções às vezes são tão opressivas e nebulosas que transformá-las numa entidade real contra a qual você pode lutar pode ser *muito útil*. Escolha qualquer pessoa que você deteste.

Ao fazer isso, você pode pensar na situação da mesma forma que pensa numa pessoa real que o ameaçou de verdade. Você pode retrucar, gritar de volta, trancá-la numa caixa. Sua reação negativa passa a ter o tamanho que você determinou, e pode rir dela, pode chamá-la de ridícula, pisoteá-la, fazer o que quiser para acabar com ela.

3

Conserte seu cérebro

Se chamássemos os dois primeiros capítulos deste livro de "Este é o seu cérebro", o que restou seria "Este é o seu cérebro quando você faz terapia".
Ao longo da minha carreira ajudei crianças, jovens e adultos a superarem seus traumas. Descobri que a analogia a seguir funciona bem para quase todo mundo. As crianças gostam porque é nojento; e os adultos, por causa da compreensão simbólica.
O trauma é como uma ferida que criou casca mas não cicatrizou por completo. Parece fechada, mas ainda está ali, debaixo da pele. Está infeccionando mesmo quando não percebemos sua presença ou quando encontramos formas de ignorá-la. Mas o que acontece se não limparmos a ferida?
As crianças gostam desta parte:
"Escorre sangue e pus PARA TUDO QUE É LADO! DÓI MUITO e é SUPERNOJENTO!"
Verdade.
Precisamos limpar a ferida para que ela sare.
Mas e a cicatriz que fica?
Dessa parte são os adultos que gostam.
Cicatrizes são simbólicas. São um lembrete de que nos curamos. Criamos formas de nos sentir seguros que não nos causem

mais danos a longo prazo. Processamos nossas experiências com pessoas confiáveis, que nos fazem sentir seguras e se preocupam com a gente. Ensinamos o cérebro a PENSAR, em vez de REAGIR. E as feridas? *Nós as tratamos.*

A sofisticada ciência do conserto de cérebros

Tendo em vista que as nossas emoções estão intimamente ligadas à nossa memória, faz sentido que acontecimentos passados, juntamente com as experiências atuais, provoquem uma reação intensa.

Mas o cérebro não é programado para ficar agarrado a certas emoções por muito tempo. As emoções são concebidas como parte do nosso circuito de feedback.

NÓS GOSTAMOS DISSO! QUEREMOS MAIS!

~ou~

QUE DROGA! FAZ ISSO PARAR!

As emoções influenciam os pensamentos e comportamentos. Elas servem como um sinal fisiológico para o restante do cérebro. Após concluírem seu trabalho, se dissipam.

Sabe quanto tempo uma emoção dura?

Noventa segundos. Sério, depois de um minuto e meio a emoção já está caçando o rumo dela.

Sei que neste momento você está dizendo: "Mentira! Se é assim, por que nossas emoções duram horas, dias ou anos? Noventa segundos? Fala sério!"

As emoções duram mais que 90 segundos porque as alimentamos com pensamentos – repetimos a nós mesmos as histórias sobre a situação que as desencadeou. E esse é o momento em que as emoções deixam de ser emoções e começam a se tornar humores.

Alimentamos nossos humores com nossos comportamentos. Minha definição favorita de loucura é *fazer a mesma coisa repeti-*

das vezes e esperar resultados diferentes. Quando agimos de forma reativa, e não proativa, reforçamos esse padrão.

Digamos que você tenha sofrido um terrível acidente de carro dirigindo numa certa rua. É natural que, a partir de então, seu cérebro entre em pânico toda vez que você passar por essa rua de carro. Então você começa a evitar a rua. Depois de um tempo, seu *modus operandi* é evitar fazer qualquer coisa nas proximidades dessa rua. Você NÃO QUER ter um colapso só de pensar em dirigir por ela. Quer sua vida de volta, mas, ao continuar se desviando do local do acidente, está arraigando esse comportamento e os sentimentos de pânico associados à lembrança do acidente.

Você não consegue controlar os pensamentos sobre o acidente. A ruminação é uma forma de atenção indesejável e obsessiva que damos aos nossos padrões de pensamento. É um ponto de bloqueio. Um erro de programação. Ruminamos o acidente a ponto de pensar que estamos perdendo a cabeça, porque a impressão que dá é que a ruminação assumiu o controle do nosso cérebro.

Basicamente, continuamos alimentando de forma contínua essa resposta emocional (*ansiedade, medo*) e esses pensamentos (*acidentes acontecem nessa rua*) ao não abrirmos mão do comportamento adaptativo que no começo serviu para nos manter em segurança (*não dirija por essa rua, coisas ruins acontecem nela!*). Assim, mantemos o circuito de feedback num ciclo sem fim.

Mas e quanto a todas as lembranças que não ruminamos, os sentimentos que queremos evitar a qualquer custo? No caso do acidente, é como se você se recusasse a dar QUALQUER atenção à ideia de dirigir pela rua em questão.

Ruminar? SEM CHANCE.

Isso tudo, de novo, é culpa da maldita estrutura de processamento cerebral. Ao evitar uma certa emoção, você a conserva do mesmo jeito que ao ruminá-la. Lembra da analogia da ferida? Lá dentro tudo está infeccionando.

A ruminação e a evitação funcionam exatamente da mesma maneira – como uma fita de Möbius com as frases *Nada nunca muda* e *Não vamos chegar a lugar nenhum*. Ruminar é uma forma de insistir em dar significado a uma experiência, mas de uma forma sem pé nem cabeça. E evitá-la é se recusar a reconhecer a experiência num nível consciente. Ruminar e evitar são estratégias que usamos para tentar controlar nossas experiências em vez de encará-las e encontrar maneiras de processar nossas respostas.

Quando vivemos uma situação em que o controle é tirado de nós, a mera lembrança do evento é extremamente desconfortável. É um lembrete de que temos muito menos poder sobre o mundo exterior do que gostaríamos. E isso é bastante assustador. Tanto a ruminação quanto a evitação são reações do nosso cérebro que vão no sentido de tentar recuperar o controle. Se eu não paro de pensar em alguma coisa, posso descobrir uma forma de impedir que aconteça novamente. Se eu evito pensar em algo, posso apagá-lo do passado, do presente e do futuro. Essas opções parecem muito mais seguras do que lembrar de algum acontecimento, reconhecer a importância dele e depois deixá-lo para trás, para que então eu possa seguir com a vida.

É MUITO DIFÍCIL chegar ao ponto de apenas sentir o que sentimos de verdade; de encarar os 90 segundos com toda a calma; de lembrar que tudo que estamos sentindo são informações enviadas pelo nosso corpo, parte do nosso circuito de feedback, e que nada disso nos define; de saber que de fato mudamos a essência de quem somos; de entender que talvez as informações que temos da situação são IMPRECISAS.

No momento em que o gatilho é disparado estamos pisando em terreno instável. Queremos que a terra pare de se mover. Queremos recuperar a sensação de controle. Quando você sente que aquilo que acreditava ser sólido nunca foi realmente sólido, passa a ter que conviver com a incerteza. E a incerteza é o oposto do que o cérebro costuma buscar para nos manter seguros. A incerteza aperta o botão de alerta vermelho: nível de ameaça máximo.

Como o cérebro é programado para nos manter vivos, sua parte instintiva assume o comando quando nos sentimos ameaçados. Mas, ao contrário das outras espécies, quando a ameaça acaba, nós não conseguimos nos livrar rápido da sensação que ela deixa nem eliminar os hormônios e neurotransmissores responsáveis por ela para voltar logo à vida normal.

E o CPF não é capaz de *controlar* nossas respostas instintivas; ele consegue apenas *refletir sobre elas*. É capaz de oferecer diferentes informações e diferentes formas de reagir. Pode testar novos cenários. Oferecer feedback. Negociar. Mas NÃO é ele que está no comando nos momentos de grande estresse. Você não é louco por se perguntar se seu cérebro pensante foi sequestrado pela amígdala, seu "cérebro animal". Você se sente assim PORQUE ISSO DE FATO ACONTECEU.

E seu cérebro animal está muito irritado, achando que você é um ingrato, porque não está vendo como ele se esforça para mantê-lo vivo.

O fato de isso seguir acontecendo não é sinal de fraqueza sua – é um instinto de sobrevivência inato. Você não pode retomar o controle à força só porque quer. Não adianta tentar: o cérebro animal vai vencer todas as vezes.

Curar o trauma significa lidar com os problemas, não tentar dominá-los. Em vez de um ataque frontal no estilo *Coração valente*, criamos maneiras de agir com segurança e suporte. Não saímos da zona de conforto – em vez disso, criamos uma ainda maior, que nos ajude a seguir em frente até percebermos que não precisamos mais dela.

Superando o trauma logo depois do evento traumático

Lembra quando eu falei sobre os primeiros 30 dias, o período crítico para a recuperação do trauma? Pois é verdade. Quando temos tempo e espaço para processar um evento horrível e de grandes proporções, isso faz toda a diferença.

Se você conhece militares ou socorristas (bombeiros, policiais, paramédicos, etc.), já ouviu termos como "relatório pós-ação" ou *debriefing* do incidente". Da mesma forma, se você já passou pelo tipo de incidente traumático em que profissionais (policiais, médicos, etc.) foram necessários, em algum momento teve que contar sua história.

Para a maioria das pessoas, falar sobre o que aconteceu é um bom primeiro passo. Mas, se só conseguirmos processar os fatos num nível superficial, temos um problema. Isso pode nos separar ainda mais do conteúdo emocional de nossa experiência, pois nos concentramos em apenas relatar os fatos, não em processar memórias carregadas de emoção.

Quando algo acontece, o evento se transforma – deixa de ser um acontecimento e se torna uma memória. Se tivermos espaço e apoio, poderemos processar essa memória no nível emocional em que foi armazenada. Relatar "apenas os fatos" é somente o início do processo de cura, porque nem de longe é tão útil quanto relatar "todos os sentimentos".

Então, se um conhecido lhe deu este livro logo após você passar por um evento traumático, é porque ele está dizendo que está ao seu lado e quer ajudar.

Ou talvez você tenha pegado este livro porque aquela voz baixinha no fundo da sua cabeça disse que deveria fazer isso. Seja como for, este é o momento de cuidar de si, o que não é nada fácil. Para alcançar a cura, você precisa de espaço.

Não encontrei grande diferença entre as estratégias para curar um trauma recente ou um trauma antigo, mas descobri que a cura é muito mais fácil quando a buscamos logo em seguida e não damos ao cérebro a oportunidade de mapear os sinais nocivos que atrapalham o processo. Também descobri que, se você puder fazer isso rapidamente, terá uma probabilidade muito menor de sofrer transtornos mentais crônicos resultantes do seu trauma – e, caso eles surjam mesmo assim, serão menos graves, mais administráveis.

E também sei que vale a pena você se concentrar em si e na sua cura, por mais que pareça bobagem, por mais que esteja ocupado ou que todos ao seu redor estejam desdenhando do processo ou desconfortáveis com ele.

Você merece todas as oportunidades de cura.

Superando o trauma muito tempo depois do evento traumático

Muitas pessoas não tiveram a chance de lidar com o trauma durante a janela dos 90 dias necessários para restabelecer o equilíbrio. Com isso, têm mais meses, anos ou até décadas de questões por resolver. Se você se encaixa nesta situação, é porque é um *sobrevivente*. Seu cérebro descobriu maneiras de mantê-lo firme enquanto tudo ao redor estava um caos. *E deu certo!*

O problema é que uma hora deixa de dar. E, em vez de ser uma solução, vira um problema. Nesse momento o cérebro deve voltar para a coleira e ser retreinado.

Você precisa ensinar o cérebro a usar o CPF para reaprender a distinguir ameaças reais de ameaças percebidas. Quando o sistema de feedback funciona direito, a amígdala não entra em parafuso nem envia mensagens ao tronco cerebral mandando você surtar.

Grande parte do trabalho que faço em meu consultório é orientar as pessoas a processar suas histórias, ajudando-as a permanecer ancoradas no presente. Isso nos ajuda a lembrar que estamos no controle de nossa experiência no momento presente, mesmo que no passado não tenha sido assim. É incrível perceber que você pode ter um sentimento e não ser dominado por ele. E isso é o que realmente significa *recuperar o seu poder*.

Se o paciente pode contar com o auxílio de um cônjuge, um amigo ou parente, mostro a ele como essas pessoas podem ajudar no processo. Nós descobrimos qual será o papel dessa pessoa, para que ela possa apoiar o paciente em vez de piorar a situação – porque a verdade é que algumas das maiores idiotices são feitas com as melhores das intenções.

Muitas pessoas fazem esse trabalho na terapia, mas nem todas. Um bom terapeuta vai atuar como um mentor, dando sugestões e feedback a partir de uma perspectiva externa. Se você está lidando com um problema, é você quem está fazendo a parte difícil, mesmo que esteja recebendo o apoio de amigos, familiares ou profissionais – sobretudo se estiver lidando com o problema sozinho, trabalhando duro, determinado a melhorar.

Descobri que saber por que essas técnicas funcionam faz com que elas ajam muito mais rápido. Saber como o cérebro atua ajuda a nos sentirmos menos frustrados, estúpidos e culpados. Isso porque um dos maiores obstáculos para quem deseja melhorar é a vergonha – vergonha de nós mesmos e dos outros por ainda não termos melhorado. Às vezes até mesmo por termos tido um problema.

Lembra que eu disse que você é um sobrevivente? Se passou todos esses meses, anos e décadas lutando contra um cérebro descontrolado, *você merece se sentir melhor*. Merece ter sua vida de volta. Você pode destravar seu cérebro.

Está na hora de pôr a mão na massa.

TOME UMA ATITUDE: SURFE A ONDA

As emoções duram 90 segundos, e você sabe que elas são um sinal cerebral de que algo precisa da sua atenção. Elas duram apenas o suficiente para chamar sua atenção e então se dissipam depois que você decide o que fazer.

O problema é que, em vez de prestar atenção para depois refletir e agir, ou insistimos no pensamento (sem agir), ou passamos à evitação, e ambas as alternativas são ruins para o cérebro.

Reserve cinco minutos para encarar a ansiedade que está sentindo, sem combatê-la. Nesse momento, fique atento à sua experiência emocional. Você pode escrever o que quiser enquanto processa o que sente, fazer exercícios de respiração ou qualquer coisa — menos evitar o sentimento ou se distrair dele. O objetivo é treinar para que ele não dure para sempre. Talvez esse sentimento o faça sofrer durante alguns minutos, mas não vai ser assim o tempo todo, juro pelo meu robô-aspirador — e olha que eu sou louca por ele!

Quando você presta atenção no que está sentindo, supera o sentimento muito mais rápido do que quando o evita. Percebi que, quando me comprometo a refletir sobre os meus sentimentos por cinco minutos, depois de três já estou entediada. Quero me levantar para fazer um café, ler um livro, pegar os biscoitos que escondi de mim mesma ou fazer *qualquer coisa que não seja isso*.

TOME UMA ATITUDE: COLOQUE GELO

Antigamente muitos terapeutas encorajavam os pacientes a prender um elástico no pulso caso sentissem vontade de se ferir, tivessem pensamentos confusos ou se vissem prestes a ter um comportamento impulsivo. Mas, quando você prende um elástico na pele, muitas vezes ela acaba ficando ferida. Então paramos de empregar essa técnica.

Mas o objetivo do elástico era legítimo: tentar ajudar as pessoas a interromper o foco do cérebro e encorajá-las a se concentrar em outro ponto de dor. O gelo funciona muito melhor e não causa danos permanentes. Sério, experimente. Pegue um cubo de gelo e aperte. Seu cérebro vai falar "EI! Por que você está fazendo isso?", e isso atrapalha o sinal anterior, aquele que prejudica você. Se você tem o impulso de se ferir para controlar a ansiedade, coloque o gelo na parte do corpo que costuma machucar.

Carregar gelo por aí não é uma coisa que todo mundo faz. Então, se de repente você estiver na rua e precisar de um cubo de gelo, pode entrar numa lanchonete, pedir um copo d'água com gelo e pegar um sem que ninguém estranhe.

4

Hora de melhorar: reduque seu cérebro

Uma estrutura de trabalho para quem quer melhorar

Neste capítulo você vai descobrir como reeducar o cérebro. É claro que cada pessoa reage de um jeito a cada situação. Senão, seria fácil resolver os problemas e eu estaria desempregada. Portanto, ao longo dos próximos capítulos falarei de temas relacionados a sentimentos específicos que acometem as pessoas, como depressão, ansiedade, raiva, dependência, luto e estresse – sentimentos que dominam todos nós em algum momento da vida.

Mas primeiro eu quero te apresentar um passo a passo... uma estrutura sequencial que mostra como o trauma acontece. Ela vai nos ajudar a entender como consertar o problema. Tenho TOTAL ciência de que ninguém se encaixa num modelo único e que basta a pessoa completar as etapas e... *VOILÀ*, TUDO FICA PERFEITO!

A vida é o que é, e passamos grande parte do tempo apenas nos esforçando para seguir em frente. Então, o que outras pessoas chamam de estágios, eu chamo de estrutura. É bom que você sempre saiba onde está nesse processo. Assim pode focar no que vai funcionar melhor *naquele momento*. E se mais tarde – seja no mesmo dia, na semana que vem ou no próximo ano – você estiver cinco passos à frente ou dois atrás? É aí que nós entramos. Não tem nada de mais.

Neste momento você está me olhando com aquela cara de quem suspeita que está lendo um livro de autoajuda clássico. Bem, talvez seja um pouquinho isso. Mas o foco aqui é só no que funciona melhor. Estamos nos baseando no que a ciência diz sobre o cérebro. Portanto, siga em frente e vamos descobrir o que funciona para você.

Uma das melhores estruturas para entender como o cérebro se recupera de um trauma vem do livro *Trauma and Recovery* (Trauma e recuperação), de Judith Herman. A seguir listo os rótulos que ela criou para as etapas (e os meus, entre aspas, bem menos tradicionais):

1. *Segurança e estabilização*
"Acabou, certo? Agora eu posso respirar um segundinho sem levar uma surra? Pode ser, universo?"

Se o trauma é um sinal de que a nossa sensação de segurança no mundo foi violada, recuperar essa sensação parece quase impossível. O evento traumático se torna uma memória muito poderosa que desencadeia continuamente nossa resposta de lutar, fugir ou congelar. No estágio "segurança e estabilização" você entende tudo que está acontecendo com o cérebro e recupera o controle do corpo. É como se você reiniciasse o cérebro, que nem um computador. O foco do livro de Herman é nesse estágio, e o meu também. Porque essa é a parte mais difícil e nada acontece sem ela.

2. *Recordação e luto*
"Que DIABO foi isso? O que aconteceu? Coisas assim não deveriam acontecer! Isso ACABOU COMIGO."

É a parte que chamamos de narrativa do trauma. Quando for possível, é aqui que você vai processar os acontecimentos, sem ser afetado por eles. Você aprende a ser dono da sua história em vez de permitir que sua história seja sua dona. É a memória que você tem do evento traumático e os pensamentos e sentimentos ligados a essa memória. Se pensarmos no trauma como emoções presas no corpo, é assim que as metabolizamos. E isso pode ser feito de maneiras seguras: com um terapeuta, com um ente querido incrível, num grupo de apoio ou até mesmo sozinho, com a ajuda de um diário.

3. *Reconexão*
"Tá bem... então, quem sabe... quem sabe... o mundo inteiro não seja um completo caos e eu ainda possa ficar bem de novo. Isso não significa que não acabei de levar uma surra da vida, mas nem tudo é um lixo e nem todo mundo é babaca."

"Reconexão" é uma forma elegante de dizer "recuperar a sua vida". Significa encontrar uma forma de pôr o trauma em seu devido lugar em vez de permitir que ele assuma o controle de todos os aspectos da sua vida. Nesse estágio você encontra sentido na experiência que viveu. Sei que pode parecer difícil de entender. Isso não significa que você não viveu uma situação horrível, mas que pode usá-la para se fortalecer, apoiar os outros e evitar que o trauma controle você. Você passa a ter relacionamentos bons que são definidos por *tudo* que você é, e não só pelo trauma que sofreu. Você também pode se reconectar com a sua espiritualidade, se essa for uma parte importante da sua identidade. Descobre que não importa o que aconteça... você tem VOCÊ ao seu lado. E você é um sobrevivente que qualquer pessoa adoraria ter por perto.

Admito que a teoria é mais fácil do que a prática, mas vamos ver como dar o primeiro passo.

Primeiro o mais importante: segurança e estabilização

Esta parte é repleta de atividades que envolvem o CPF e impedem que o tronco cerebral seja controlado e entre no modo *lutar, fugir* ou *congelar*. Ensinar o CPF a se concentrar em outra coisa interrompe todo o processo de aquisição hostil do cérebro – o sequestro emocional.

No livro *The Biology of Belief* (A biologia da crença), Bruce Lipton compara a tentativa de impedir o sequestro emocional a gritar com o aparelho de som porque você não gosta da música que está tocando. O aparelho não sabe que você não gosta da música, ora bolas! Não percebe que você quer parar ou trocar de música. O cérebro dispara os sinais de alerta e não consegue frear o processo, assim como o aparelho de som só para de tocar a música quando o botão de pausa é pressionado. Mesmo que seja uma música horrível!

Não dá para ter uma conversa lógica com a amígdala. *Qualquer coisa* que você queira fazer com a amígdala precisa da mediação do CPF. Porque a amígdala acionou o modo proteção (ou terrorista, dependendo da sua paciência com os problemas do momento) e nesse momento quem manda é ela. É aqui que nos reestabilizamos e restabelecemos nossa sensação de segurança: ao fazer com que o CPF entre de fininho em cena e desligue o aparelho de som, podemos negociar com a amígdala, fazendo assim ela relaxar, se sentar e deixar os adultos cuidarem da situação.

Sim, é possível mudar suas ações e seus pensamentos, mas isso requer treino.

Essa resposta ao trauma não surgiu da noite para o dia. Você não foi para a cama uma noite se sentindo bem e acordou de manhã com a sensação de que sua cabeça está uma bagunça. Não, seu cérebro criou essa rede de respostas com base nas informações que foi recebendo ao longo do tempo. Assim, também não vai ser de uma hora para outra que você vai aprender a consertar isso.

Alguns dias serão melhores que outros. Você pode se sair incrivelmente bem num dia e, no seguinte, estar só o pó.

Esses dias são uma droga, né?

Nada disso significa que você fracassou – pelo contrário, significa que ainda está amadurecendo. Sempre digo aos meus pacientes: "Vai ficar tudo bem no final. Se ainda não está bem, é porque ainda não chegamos ao final."

Alguns momentos serão bons e nos darão fôlego e espaço para armazenar energias para a nossa próxima batalha contra a ansiedade, essa criatura que tenta nos devorar. Essa não é uma definição técnica, mas deveria ser.

O mais importante é treinar as estratégias que vou ensinar no momento em que seu cérebro não estiver no modo pânico, e não tentar aprendê-las quando você já estiver completamente tomado pelo estresse. Ao treinar técnicas calmantes e de enfrentamento no momento em que está se sentindo bem, você descobre com mais facilidade quais funcionam no seu caso.

Porque, como você bem sabe, é muito difícil reassumir o controle do cérebro no momento em que ele sofre o sequestro emocional.

Existe uma expressão: *Amadores treinam até acertar, especialistas treinam até não errar mais.* A ideia é que o caminho para o sucesso é treinar, treinar, treinar. Provar que você pode fazer algo uma vez é fácil; ficar tão bom a ponto de acertar sempre e fazer tudo com naturalidade é bem mais difícil.

Mas é exatamente isto que impede a resposta ao trauma: treinar com frequência, a ponto de aprender a fazer o que é preciso *com naturalidade*. No dia a dia, quando está tudo bem, vamos levando, treinando para quando surgir um problema. E, no momento em que a resposta ao trauma começa a surgir, empregamos as habilidades de enfrentamento que praticamos.

Quando você testa boas habilidades de enfrentamento enquanto NÃO está no modo pânico, fica mais fácil acessá-las quando entra nesse modo. Nesse momento, é fundamental estar perto de pessoas em quem você confia, que o fazem se sentir em segurança, que possam ajudá-lo com suas habilidades de enfrentamento.

Provavelmente você tem a sensação de que o pânico vem no pior momento possível, quando está sozinho no carro no meio da estrada, por exemplo. Por isso é fundamental ter um conjunto de habilidades de enfrentamento simples e também outras mais complexas. Pode ser literalmente um talismã (uma pedra que você carrega), um mantra ou os cartões de enfrentamento que estão no quadro aqui embaixo. Sim, a ideia parece cafona, mas funciona TÃO BEM que eu me vejo na obrigação de explicá-la.

> **TOME UMA ATITUDE: CRIE CARTÕES DE ENFRENTAMENTO**
>
> O problema de todos os mecanismos de enfrentamento a seguir é que provavelmente você não vai conseguir se lembrar deles na hora H, pelo menos no começo. Portanto, quando encontrar um mantra, um

exercício de *grounding*, um fato sobre a ansiedade, uma afirmação, uma imagem ou uma ação que o ajude a lidar com o momento, crie um cartão para isso. Em seguida, perfure o cartão e o coloque num chaveiro. Pronto: com o tempo você terá um conjunto de cartões de enfrentamento que pode folhear na hora que entrar em pânico.

Sei que parece coisa de maluco, mas ao longo dos anos muitos pacientes meus usaram essa técnica e amaram. Os cartões servem para lembrar ao CPF que ele está no comando e precisa se basear na realidade. Tudo bem, parece ridículo, mas garanto que essa técnica funciona.

Técnicas de grounding

As pessoas vivem me pedindo que eu lhes ensine *pelo menos uma habilidade*. Terapeutas em começo de carreira, pais de primeira viagem e profissionais que não são terapeutas mas acabam auxiliando as pessoas a lidar com suas crises perguntam: "Qual é a melhor coisa que eu posso fazer por alguém que está passando por um momento difícil?" A melhor resposta que tenho é: ajude as pessoas a se reconectar com o corpo delas e com o presente.

Ao entrar no modo pânico, o cérebro está revivendo um evento passado, e não reagindo ao momento presente. As atividades de *grounding* ajudam você a voltar ao seu corpo e ao momento presente em vez de reviver memórias. O *grounding* é uma das melhores maneiras de lidar com a dor emocional, porque faz você permanecer no presente e lembrar que a dor em si é baseada na memória e não pode mais machucá-lo. As pessoas vivem me dizendo que usam essa habilidade o tempo todo.

Algumas não querem destrinchar a própria história e processar o trauma. E tudo bem. Mas todo mundo quer uma forma de controlar as sensações que surgem quando está passando por uma resposta ao trauma, e o *grounding* ajuda muito nesses momentos. É a melhor forma de dizer: "Ei, amígdala, baixe a sua bola."

Grounding mental

As técnicas de *grounding* mental servem para manter você no momento presente, focado na situação atual e no que está ao seu redor. Você pode recitar mantras ou criar listas. E, sim, pode falar em voz alta, para si ou para outra pessoa. Se estiver no ônibus e não quiser chamar atenção, pode repassar sua lista mentalmente ou murmurar baixinho. O importante é que funcione (e, se você colocar fones de ouvido, as pessoas vão pensar que está cantando uma música, e não respondendo a estímulos internos).

Por exemplo, você pode listar todas as cores que vê no lugar onde se encontra ou descrever um objeto que está segurando.

Pode repetir uma frase de segurança para si mesmo várias vezes. Uma das que ouvi recentemente e está entre as minhas favoritas: "VAI SE FERRAR, AMÍGDALA!" Funciona que é uma maravilha para um paciente meu!

Algumas pessoas gostam de jogar uma espécie de jogo de categorias, em que elas nomeiam todos os seus filmes ou livros preferidos, ou algo que exija um tipo diferente de concentração.

Outras costumam repassar a agenda do dia, mentalmente ou em voz alta, ou as etapas necessárias para concluir uma atividade.

Todas essas atividades de *grounding* mental lembram seu cérebro de onde você se encontra no momento e que tem mais controle do que imagina sobre o que está acontecendo dentro de si quando o botão de pânico é acionado.

Grounding físico

As crianças nunca fogem do corpo delas e das experiências do presente. Só quando crescem é que percebem que seu corpo pode estar num lugar, e a mente, em outro. Isso é ótimo quando seu corpo está na sala de aula de matemática e o cérebro no parque, mas fica problemático à medida que envelhecemos. Já aconteceu de você chegar em casa e não se lembrar de nada do que fez no caminho até ali? As técnicas de *grounding* físico nos lembram de que estamos em nosso corpo e que somos os donos das experiências.

Você pode praticar o *grounding* físico focando na respiração. Simplesmente observe sua respiração, inspirando e expirando. Quando perceber que sua mente está vagando para longe, volte a concentrar-se na respiração. Você também pode tentar caminhar prestando atenção em cada passo que dá.

Outra opção é tocar nos objetos ao seu redor.

Às vezes objetos sensoriais específicos são reconfortantes. Em geral, são recomendados para pessoas que têm respostas neurológicas diferentes (pessoas no espectro do autismo, por exemplo), mas podem ser de grande ajuda a todos. Coisas como: uma bola de algodão com óleo de lavanda dentro de um frasco hermético que você pode abrir e cheirar para desencadear uma resposta calmante; algo para mastigar (por exemplo, chiclete); massinha para amassar; frascos com glitter para sacudir; um talismã que você pode carregar no bolso, como uma pedra polida ou algo que tenha um significado espiritual para você; um anel que você pode girar no dedo.

Você também pode simplesmente pular. O importante é que sinta o chão com seus pés. Tire os calçados.

Coma algo devagar e preste atenção em todos os sabores e texturas. Uvas e uvas-passas funcionam bem. O interessante é que pessoas que nem gostam de passas (como eu) não se incomodam com elas durante esse exercício.

Se você se sentir seguro para ser tocado, peça a alguém de sua confiança que coloque as mãos nos seus ombros e, com delicadeza, lembre a si mesmo de permanecer no seu corpo.

Se o toque não piora a sua situação, dê um abraço em alguém. Vá a um massagista. Fique juntinho das pessoas que ama. Tocar e ser tocado libera ocitocina. O toque também é bom para o coração e o sistema imunológico.

Grounding calmante

O *grounding* calmante é, basicamente, ter autocompaixão e autocuidado numa situação difícil.

Pense em coisas que fazem você se sentir melhor. Visualize coisas de que gosta, como a praia ou o pôr do sol. Quem não gosta de um pôr do sol na praia?

Traga à mente um lugar seguro e se imagine cercado dessa segurança.

Planeje algo que você possa fazer num futuro próximo, como seu bolo favorito, um banho quente, um filme que já viu cem vezes e ainda adora, um jogo de futebol na TV com uma bacia de pipoca ou uma caminhada no seu parque favorito.

Ande com fotos de pessoas e lugares importantes para você e se concentre nas imagens.

Você pode misturar essas diferentes formas de *grounding* e

aprimorar as que funcionam melhor para usá-las quando estiver mais angustiado. Se quiser focar mais nessa área, talvez deva conferir algumas das leituras recomendadas ao fim do livro.

Mas, acima de tudo, tenha em mente que você é capaz. Seu cérebro trabalhou para mantê-lo em segurança e agora você pode retomar as rédeas da vida e seguir em frente. E isso é maravilhoso!

Para obter ajuda com o grounding

Se alguém está apoiando seu trabalho com o *grounding*, compartilhe-o com essa pessoa e peça orientações.

Se está lendo isto para ajudar alguém que está passando por dificuldades, pode oferecer ajuda ou até mesmo servir de modelo, sem dizer com todas as letras: "Ei, eu vou ajudar você a dar um jeito nesse seu cérebro!" Eu, por exemplo, coloco óleos essenciais em difusores no meu consultório e oriento meus pacientes a se concentrarem no aroma. Em geral ando descalça em casa, então também falo sobre como gosto de sentir os pés no chão. Posso falar sobre as cores das paredes, a textura dos cobertores do quarto, os materiais sensoriais que temos para crianças e que todos nós, adultos, também adoramos.

Se percebo que um amigo ou parente que conheço bem está tendo uma crise de pânico, seguro os ombros da pessoa e os pressiono levemente para baixo enquanto falo com ela sobre as coisas que estão acontecendo ao redor.

Hoje em dia muitos profissionais de saúde mental estão empregando ferramentas sensoriais sobre as quais terapeutas ocupacionais vêm falando há décadas. Cobertores com o tamanho e o peso certos para colocar no colo, nos pés ou no pescoço também podem ser bastante úteis.

Meditação mindfulness

Vamos começar com as definições. As pessoas costumam falar de "mindfulness" e "meditação" como se fossem sinônimos. E, mesmo quando não os consideram sinônimos, elas se confundem com os termos. A verdade é que meditação e mindfulness não são sinônimos, mas também não deveriam causar tanta confusão.

Meditação é quando você reserva intencionalmente um tempo com você mesmo para fazer algo que é bom para si. Existem meditações de todos os tipos (oração, exercícios físicos, arte, etc.).

Mindfulness – ou atenção plena – é tanto a prática de obter uma consciência geral do mundo (perceber sua existência e a existência de tudo ao seu redor) quanto a prática formal de meditação. São duas coisas, não uma.

Assim, você pode tanto meditar sem necessariamente praticar o mindfulness quanto praticar o mindfulness sem meditar. Mas a meditação e o mindfulness se sobrepõem quando praticamos a *meditação mindfulness*, na qual reservamos um tempo para focar na nossa consciência do mundo, incluindo o funcionamento da nossa mente.

Incluí alguns dos meus livros favoritos sobre o assunto na lista de leituras recomendadas. Tem gente que sabe muito mais que eu nessa área. Mas vou listar a seguir as diretrizes básicas para você começar.

Sente-se com a coluna alinhada. Se puder fazer isso sem um suporte para as costas – por exemplo, sentando-se no chão em cima de uma almofada –, melhor. Se preferir uma cadeira com encosto reto, tudo bem. Se não conseguir se sentar, tudo bem também. Fique na posição que for mais confortável. Pedimos que a pessoa se sente, mas não se deite, porque o objetivo é ficar acordado, não dormir. Só que também não é para você gritar de dor, então não se estresse com esse ponto.

Feche os olhos de modo que eles não fiquem totalmente fechados, mas que você também não enxergue com tanta clareza. Ou seja, perca o foco visual, porque nesse momento você vai prestar atenção no que está dentro de você.

Comece a inspirar e expirar. Concentre-se na respiração. Se nunca fez isso, vai ser estranho e difícil. Mas, só para constar, mesmo se você já fez isso um zilhão de vezes, ainda existe uma boa chance de que seja estranho e difícil.

Quando perceber que estão surgindo distrações, rotule-as de "pensamento" e volte a se concentrar na respiração. Pensar não significa que você está fracassando na meditação mindfulness. Isso acontece. O importante é perceber e puxar a mente de volta ao momento presente. Isso é uma vitória.

Muitas pessoas se sentem frustradas durante a meditação, pensando que são péssimas porque vivem se distraindo com os pensamentos. Não tem problema. Seu cérebro está desesperado para contar histórias. Nesse momento surge mesmo todo tipo de distração. Você vai pensar no que precisa cozinhar para o jantar. Ou numa conversa que teve no trabalho. Ou se deve ou não comprar um tênis novo ou ir ao cinema no fim de semana.

No modo padrão o cérebro conta histórias, lembra? E, como na meditação mindfulness você não está se distraindo com tudo que acontece no mundo externo, o cérebro fica louquinho para tagarelar. Mas, segundo pesquisas, a meditação mindfulness interrompe o processo de narrativa do modo padrão. Antigamente pensávamos que a única maneira de fazer isso era focar em eventos e estímulos externos.

Não vou fingir que é fácil fazer isso quando você está em pânico. Mas é importante pelo menos tentar. Porque parte de uma crise de pânico são as histórias que o cérebro começa a nos contar sobre a própria crise. E geralmente não são histórias legais. As substâncias químicas liberadas durante uma crise de ansiedade ou de pânico nos fazem respirar mais rápido e ter taquicardia, e com isso seu cérebro acha que você vai ter um ataque cardíaco ou uma parada respiratória. Mas isso não vai acontecer de verdade, então, quando se pegar tendo esse tipo de pensamento, lembre-se de que ele é apenas uma reação bioquímica do seu corpo, não a realidade.

Continue respirando. O esforço contínuo e consciente para respirar e reduzir a tensão vai baixar sua frequência cardíaca e aumentar o fluxo de oxigênio. É literalmente um contrapeso químico. A meditação libera todas as substâncias químicas que neutralizam o pânico no cérebro: dopamina, serotonina, ocitocina e endorfinas. E é mais barata que fazer crossfit. São seis mil anos de prática budista – com certeza eles sabem o que estão fazendo.

Trate as reações do seu corpo como qualquer outro pensamento aleatório. É normal sentir coceira. Quando isso acontecer, por três vezes pense "É só um pensamento" antes de sucumbir ao desejo de se coçar. Você vai se surpreender com a frequência com que seu cérebro cria coisas para atrair sua atenção. Quando comecei a meditar, meu nariz escorria. Minha professora de meditação percebeu minha enorme capacidade de me distrair e começou a levar lenços de papel. Quando meu nariz escorria eu não tinha permissão para me levantar – simplesmente limpava com o lenço e voltava a respirar. Claro, você não pode ignorar as dores reais. Nesses casos, fique na posição mais confortável e não tente bancar o herói.

Se alguém está ajudando você nesse processo, pode estimular sua prática perguntando "O que está se passando pela sua cabeça agora?", ou orientar seu relaxamento da seguinte forma: "Vamos começar pelas mãos. Elas estão cerradas em punho, então abra os dedos." Às vezes a meditação parece mais fácil quando você faz isso com alguém de confiança – você sente que tem um suporte e que está no caminho certo.

Oração

Acabamos de definir a meditação mindfulness, certo? Meditação é *escuta*, é o processo de nos aquietarmos para ouvir o que acontece dentro de nós. A nossa mente adora tagarelar e ignorar nossa resposta. A meditação é a disposição de se ouvir antes de falar.

E o que a oração tem a ver com isso? Sei que neste momento talvez você esteja revirando os olhos. "Oração? Mas eu não tenho religião nenhuma." Mas o que nós culturalmente chamamos de orar é apenas *falar*. Falar com nós mesmos ou com algo maior do que nós sobre nossos desejos, necessidades, vontades e intenções. Lembra do cérebro contador de histórias? A oração é um mecanismo natural dele. Falar sobre a nossa situação dessa maneira pode ser muito melhor do que falar com um amigo, um familiar ou um terapeuta. É uma experiência de *grounding* que nos conscientiza dos nossos pensamentos, sentimentos e comportamentos. Isto é o que está acontecendo. *Isto é o que eu quero. Esta é a ajuda de que eu preciso.*

Música

Quem não gosta de música? Só quem odeia cheiro de pão recém-assado e não acha filhotes de bicho-preguiça as coisas mais fofas do mundo.

Sabe quanto tempo do nosso dia passamos ouvindo música? Cerca de QUATRO horas. A música é primordial. Cientistas do

Instituto de Tecnologia de Massachusetts (MIT) recentemente descobriram maneiras de provar que temos no cérebro neurônios que prestam atenção apenas na música, ignorando todos os outros ruídos. Sim, o cérebro tem uma sala de música! E talvez a música tenha existido antes da fala, que só se desenvolveu para acompanhá-la. Veja quanto da nossa arquitetura antiga foi projetado em torno da necessidade que temos de música. Em todas as culturas, os locais de culto foram projetados em torno do hábito de criar música em grupo.

A música é, ao mesmo tempo, primitiva e comunitária.

A música é útil para todos de diferentes maneiras. Algumas pessoas querem uma música que as acalme quando estão angustiadas. Outras querem ouvir música alta e barulhenta, combinando com o que está acontecendo dentro delas. Outras ainda gostam de música animada e dançante.

Cresci ouvindo antigos vinis de blues enquanto as crianças menos esquisitas assistiam a *Vila Sésamo*. Então, para mim, ouvir álbuns antigos de blues é mais reconfortante. Quando estou precisando de ânimo, boto para tocar músicas que escuto na hora de fazer exercícios. Elas têm uma cadência que eu conecto ao movimento físico. Eu as escuto enquanto limpo a casa ou enquanto estou dirigindo e preciso me preparar para o evento a que estou indo.

O que funciona para você?

Ter uma música que ajude seu cérebro a ficar relaxado ou energizado – mas nunca em pânico – pode ser muito bom. Sobretudo hoje em dia, quando todos têm smartphones e podem ouvir a música que quiserem com um toque na tela. Crie playlists. Reflita sobre as suas músicas. Qual é a sua música de luta? Seu hino pessoal? As músicas que melhor refletem o que você tem de melhor? As músicas que fazem você lembrar que vale a pena viver? Favorite essas músicas para tê-las sempre à mão quando precisar.

Exercícios de autocompaixão

A autocompaixão é o extremo oposto da autoestima. A autoestima vem de fora. Foi bem numa prova? Ótimo para a autoestima. Se deu mal na prova? A autoestima vai para o buraco.

Autocompaixão significa ser tão gentil com você mesmo quanto você seria com seu melhor amigo. Na autocompaixão você respeita suas imperfeições como ser humano. Não significa se isentar de tudo que faz de errado, e também não serve de desculpa para ser babaca com os outros. Pelo contrário: as pessoas autocompassivas são mais motivadas a serem pessoas melhores, porque acham que elas próprias são dignas desse esforço.

Trate-se com bondade, compreensão e amor-próprio. Pergunte-se o que você diria ao seu melhor amigo se o problema que você está vivendo estivesse acontecendo com ele. O que Buda lhe diria nesse momento?

Coisas incríveis acontecem quando as pessoas aprendem as habilidades de autocompaixão sugeridas por Kristin Neff e Christopher Germer (leia a seção "Recomendações de leitura"). Certa vez, dei uma aula sobre isso para uma turma de terapeutas doutorandos. Ou seja, eram pessoas fortes, focadas, que gostavam de alcançar grandes feitos. Em dado momento pedi que colocassem as mãos no coração e lembrassem que também sofriam e que esse sofrimento faz parte da condição humana. E que era importante que se permitissem ser gentis com elas mesmas e perdoar suas imperfeições.

Quando uma médica realizou o exercício, lágrimas começaram a rolar por seu rosto. Aquela pessoa, que eu considerava incrível, nunca havia desacelerado para poder demonstrar a si mesma toda a compaixão que demonstrava com seus pacientes.

Tente você mesmo.

Coloque a mão sobre o coração e dê voz à sua experiência de sofrimento. Lembre-se: o sofrimento faz parte do ser humano. Diga a si que você tem permissão para demonstrar bondade e para perdoar, e que isso começa como um trabalho interno.

Mantras/estratégias de diálogo interno positivo

Sempre me senti uma boba quando tentei ter um diálogo interno positivo, mas também descobri que essa estratégia FUNCIONA. É como se você falasse por cima de toda a palhaçada que a amígdala está lhe dizendo.

Sim, eu sei que você está pirando agora. Vai passar e você vai se sentir melhor. Continue respirando.

Você consegue. Pode até parecer que não vai conseguir, mas sua taxa de sucesso é de 100%. E não é agora que você vai deixar de estar invicto.

Sabe o que é péssimo? Isso que você está vivendo agora. Mas sabe o que é bom? Não vai durar para sempre. E você acabou de ganhar o direito de comer um biscoito por lidar com esse problema hoje.

As estratégias de diálogo interno podem ser colocadas nos seus cartões de enfrentamento, caso você decida usá-los. E sinta-se à vontade para pedir ajuda nesse ponto. Revele às pessoas próximas quais mantras você está usando e peça a elas que o lembrem deles quando perceberem que você está passando por um momento difícil.

Exercícios físicos

Eu sei, eu sei. Você abomina a academia e as vitaminas de espinafre. Mas o exercício libera endorfinas, que, falando em linhas gerais, bloqueiam nossa percepção da dor e aumentam os sentimentos positivos, dois efeitos que contrabalançam a reação ao estresse. Isso quer dizer que aquelas pessoas supersaudáveis que dizem sentir um barato depois de correr não estão mentindo! Talvez sejam aberrações da natureza, mas estão falando a verdade.

Escolha um tipo de exercício que considere mais tolerável. Eu mesma não sou fã de suor e esforço físico em nome da saúde, mas meu médico vive dizendo que me esticar para pegar um biscoito não conta como abdominal, então tenho que fazer ALGUMA COISA. E gosto de nadar, caminhar e fazer trilha – para mim, são exercícios muito mais relaxantes e meditativos do que esportes competitivos em equipe (mas, se você curte esse tipo de esporte, não pense duas vezes!). E é melhor ainda quando saio para caminhar com a minha melhor amiga. A gente se exercita e fofoca ao mesmo tempo.

Encontre algo que você não considere ruim. Pode ser um exercício intenso ou leve, de acordo com seu gosto, mas tente coisas novas. A maioria dos lugares não cobra pela aula experimental. Tive uma paciente que fez uma aula de boxe e se apaixonou. É um exercício físico maravilhoso e a fazia se sentir mais fortalecida e no controle de suas experiências.

Saia de casa

Às vezes temos a sensação de que não conseguimos fazer nada – só permanecer na vertical já é uma tarefa quase impossível, então não há meditação ou exercício que surta qualquer efeito.

Se não puder fazer mais nada, tente pelo menos sair de casa, tomar um pouco de sol. Mesmo que seja apenas para ficar sentado na varanda enquanto toma um café. A luz solar aumenta a produção de vitamina D e serotonina, que lhe darão um empurrãozinho químico sem que você precise recorrer a comprimidos. A exposição ao sol nos anima, mesmo quando não estamos dispostos. Confie em mim, eu já experimentei.

Se você mora num lugar cinza e sombrio, veja se vale a pena investir numa lâmpada incandescente em seu espaço de trabalho. Quando meu irmão saiu do Texas para fazer faculdade na Costa Leste, se viu às voltas com o transtorno afetivo sazonal. Ele simplesmente não estava recebendo luz solar suficiente para combater a tristeza. A lâmpada incandescente fez uma grande diferença para ele.

Quando estiver pronto: recordação e luto

Após dominar diversas habilidades que o ajudem a controlar as suas próprias respostas que antes o controlavam, você pode contar sua história.

Aprender as habilidades de enfrentamento é fundamental. Muitas pessoas se sentem forçadas a falar sobre seus problemas sem contarem com um jeito de se sentirem seguras durante o processo. Isso cria um gatilho pesado, que por sua vez cria um outro trauma.

Você só deve utilizar essas técnicas quando estiver pronto, *quando* e *se* contar sua história for ajudá-lo a seguir em frente, e com alguém que possa acompanhar você nessa experiência.

Escrever ou manter um diário

Exercícios de escrita podem ser um bom começo para quem deseja compartilhar sua história, especialmente quando isso é feito com calma e tranquilidade. É possível que nessa atividade surjam coisas que você não sabia que existiam ou que não sabia que precisava expressar. A seguir listo algumas ideias para você dar os primeiros passos:

- Use um caderno de exercícios com instruções de escrita específicas relacionadas à sua situação. Por exemplo, muitas pessoas que tiveram que lidar com traumas sexuais na infância adoraram os exercícios de escrita propostos no livro *The Courage To Heal* (A coragem de se curar), de Ellen Bass e Laura Davis. Tenho pacientes que fizeram os exercícios desse livro entre as nossas sessões, e revisamos juntos o que escreveram.
- Escreva cartas para outras pessoas. Você não vai de fato enviá-las, mas escrever o que gostaria de dizer a elas. Pode ser para pessoas que magoaram você ou para aquelas que você ama, mas que não entendem a causa de seu sofrimento. Quando você descobre o que deseja que essas pessoas entendam, chega a um bom ponto de partida para entender seu próprio processo. E, se possível, depois inicie uma nova forma de comunicação com essas pessoas.
- Escreva uma carta para o seu futuro eu. Ponha no papel tudo que você viveu para chegar ao ponto ao qual agora está trabalhando para chegar. Liste tudo aquilo por que passou e como passou. Talvez você se surpreenda.

Contar sua história

Contar sua história é simplesmente falar sobre seu trauma e sobre outras coisas que impactaram sua vida, de acordo com suas lembranças e sua interpretação deles. A questão aqui não é contar a verdade literal, mas a história que você carrega e que o tem afetado por tanto tempo.

Já falamos sobre o cérebro e sua capacidade de contar histórias. Criar uma narrativa significa, primeiro, entender a nossa realidade atual, e às vezes a nossa história acaba nos surpreendendo. Muitas vezes só percebemos todo o ódio que despejamos em nós mesmos quando o expressamos em voz alta.

Preparar as pessoas para contar sua história é uma parte importante da terapia quando o foco é se livrar do trauma. Mas muita gente consegue fazer isso com a ajuda de amigos, familiares ou outras pessoas próximas. Embora a terapia de grupo possa ser bastante benéfica, provavelmente não será lá que você vai contar todos os detalhes da sua experiência, pois ela pode acionar um gatilho em outros membros do grupo. Ao longo dos anos, quando fiz trabalhos com grupos, sugeri que criássemos títulos para os eventos (por exemplo, "Quando o estupro aconteceu") ao processarmos as questões relacionadas ao evento em si, mas não discutíamos os detalhes dele durante a sessão.

O trabalho real de compartilhar sua história geralmente começa com um terapeuta qualificado, porque nós temos o conjunto de habilidades para dar todo o apoio ao paciente, para ouvir e lidar com todos os sentimentos fortes sem fazer julgamentos, sem apontar correções e sem permitir que nossas próprias experiências interfiram na análise.

Se você quiser ter essa conversa com um amigo, um familiar ou outra pessoa próxima, lembre-se de que possivelmente essa pessoa também está vivendo os próprios problemas. Talvez ela não consiga escutar os seus, e tudo bem. Talvez ela ache que é capaz, mas depois, na hora H, perceba que não dá. Assim, antes de começar, deixe claro para a pessoa que ela tem permissão total para parar a conversa a qualquer momento. Tem gente que compartilha suas histórias primeiro com um terapeuta, para depois contar a um ente querido, na presença do terapeuta para ajudar no processo.

Um novo ponto de vista sobre a sua história

Quando contamos nossa história de forma coerente, muitas vezes descobrimos as partes que não fazem sentido e enxergamos outras perspectivas. É possível descobrir que havia mais coisas acontecendo por trás das imagens que reproduzimos repetidamente na nossa cabeça. Isso não torna experiências horríveis menos horríveis, mas pode nos ajudar a encontrar um significado no que aconteceu e buscar o perdão.

Você se lembra de tudo que falamos sobre a ciência por trás do funcionamento do cérebro, de que temos uma resposta emocional e só depois criamos uma história para dar respaldo a ela? Uma das melhores coisas que você pode fazer para evitar isso é *pensar sobre como você está pensando*.

Funciona assim: o cérebro está sempre mudando e nós podemos dar forma a essa jornada. Sim, o trauma é capaz de alterar nossa estrutura genética, mas nós também podemos alterá-la. As experiências de vida remodelam nosso DNA a cada momento. Eu poderia escrever um livro inteiro sobre epigenética, mas o que você precisa saber é que não estamos condenados a viver presos a experiências passadas.

1. Pense na história que você conta para si mesmo e para os

outros. Repasse a história que você compartilhou no exercício anterior. Que aspectos podem estar faltando? O que mais precisa ser incluído?
2. De que forma é possível enquadrar essa história como uma história de sobrevivência?
3. Quem cuidou de você ou o ajudou? O que essas pessoas fizeram? Como elas fizeram?
4. Que coisas você fez que não lhe trazem nenhum orgulho? Elas foram a melhor decisão que você poderia tomar na época? O que aprendeu com elas e como pode usar isso para seguir em frente?

Para voltar a ter uma vida boa: reconexão

Precisamos nos reconectar com nós mesmos e com o mundo ao nosso redor. É assim que voltamos à ativa, fazemos as pazes com o cérebro e vivemos uma vida plena. Às vezes a reconexão é difícil, porque somos pressionados a fazer isso antes de estarmos prontos, antes de nos sentirmos seguros – e assim não funciona. Quando a reconexão é imposta por outros, ela se torna outra forma de trauma, porque seu poder foi tirado de você. De novo.

Reconecte-se quando se sentir pronto. Talvez você precise se esforçar um pouco, mas agora já sabe habilidades de *grounding* e de enfrentamento e pode lembrar a si mesmo que está em segurança.

Você consegue.

Use sua história para criar significado

As pessoas mais saudáveis são as que encontram sentido no caos. As que conseguem encontrar uma ilha de coisas boas num mar de coisas ruins.

Isso não significa que, quando alguém diz bobagens do tipo "Ah, essa foi a vontade de Deus. Ele quis que eu aprendesse essa lição", as coisas terríveis que acontecem ficam menos terríveis. Porque tenho certeza de que, se Deus quisesse que eu aprendesse alguma coisa, ele poderia ser bem mais didático.

Mas podemos usar tudo de ruim que nos acontece para aprender habilidades de resiliência e força. Elas podem nos tornar seres humanos melhores, mais fortes, mais compassivos e mais engajados.

1. *Aprenda com o passado*. Seu passado foi um momento de aprendizado, e não uma terra devastada em que seu cérebro tenta viver. O que você aprendeu que deseja levar adiante? O que aprendeu sobre si e sobre sua capacidade de sobreviver e se curar? Do que você pode abrir mão para seguir em frente?
2. *Aprenda com o futuro*. Você sabe aonde quer chegar, que tipo de pessoa quer ser. Pergunte a essa pessoa do futuro o que você deve fazer para chegar lá. Peça que ela compartilhe os segredos do sucesso.
3. *Aplique ambos os aprendizados ao presente*. Esteja sempre consciente do que você pensa e de como pensa. O que você está carregando do seu passado? E do futuro? Que bens pode oferecer aos outros com base no que viveu? Pode oferecer empatia e apoio? Como pode ajudar os outros a não ficarem sozinhos? Como pode inspirar mudanças positivas na sua comunidade?

Encontrando o perdão

O perdão é uma magia séria, profunda e poderosa. Muitas pessoas pensam que o perdão é perdoar aqueles que lhes fizeram mal. E essa ideia não está errada. Mas, mais importante que isso, descobri que as pessoas estão realmente se esforçando para SE perdoar. As pessoas de quem elas têm mais raiva e vergonha são elas mesmas. E carregam o peso disso há anos.

Nesses casos é fundamental lembrar a si mesmo que você fez o melhor que podia com o que tinha na época. E quase tão fundamental quanto isso é lembrar que as pessoas que nos machucaram também têm problemas e passam por dificuldades.

Thich Nhat Hanh foi um conhecido monge vietnamita e professor zen. Foi o homem que Martin Luther King Jr. chamou de "apóstolo da paz e da não violência" ao indicá-lo para o Nobel da Paz.

Thich Nhat Hanh teve uma infância difícil, com um pai que cometia muitos abusos. Ele fala sobre como imaginava o pai aos 3 anos, antes de o mundo transformá-lo no homem raivoso que ele se tornou. E se imagina como um menino também de 3 anos, parado na frente da versão criança do pai. Nesse momento, a criança Thich Nhat Hanh sorri para o pai, que, também com 3 anos, sorri de volta.

Ele não chama isso de prática de perdão, mas é. Lembra do que falamos sobre autocompaixão no início do livro? A compaixão é parte do perdão. Primeiro nós mesmos, depois os outros.

Como construir relacionamentos com limites seguros

Ninguém quer ter relacionamentos ruins, mas temos o hábito de escolher pessoas que nos fazem tocar a mesma música indefinidamente. Quando você se torna dono da sua própria história, descobre como parar a música e recuperar o controle do cérebro. Ao fazer isso, você se surpreende com a quantidade de problemas que vinha suportando sem perceber.

E, assim, consegue estabelecer limites claros para si e consertar seus relacionamentos. Ao mesmo tempo, talvez algumas pessoas saiam naturalmente da sua vida ao perceberem que não vão saber lidar com as suas mudanças. Isso pode ser muito difícil de processar. Certifique-se de ter o apoio de pessoas emocionalmente saudáveis, que aprovem seu trabalho de criação de limites durante essa transição.

Se seus limites foram violados no passado, talvez você não saiba como criá-los na medida certa. É preciso que eles não sejam nem rígidos de mais nem de menos. Para encontrar essa medida, comece fazendo a si mesmo as seguintes perguntas:

1. Essa pessoa me desafia a ser a melhor versão de mim ou ela está aqui porque prefiro a companhia dela a estar sozinho?
2. Estar sozinho é a mesma coisa que estar solitário? Se não é, como posso saber a diferença entre um e outro e separar uma coisa da outra?
3. Eu comuniquei (ou comunico) meus limites de forma eficaz ou estou esperando que outras pessoas descubram o que quero?
4. Quais são os meus limites? Do que eu não abro mão? O que é inegociável? O que não é um problema?
5. Esses limites mudaram ao longo do tempo? É possível que mudem no futuro?

5

Como obter ajuda (profissional): opções de tratamento

Existem muitas maneiras de fazer seu cérebro voltar à antiga forma. E em muitas delas você pode trabalhar por conta própria.

Mas às vezes não é suficiente. Se você não está melhorando ou até está, mas não no ritmo desejado, talvez valha a pena buscar a ajuda de alguém que tenha as habilidades, os recursos, o conhecimento e uma perspectiva da sua situação que você não possui.

Minha intenção é ajudar você a considerar diferentes maneiras de voltar a ficar bem. Muitas delas não eram tão comuns na medicina ocidental até pouco tempo.

Cerca de 10 anos atrás, uma paciente minha teve alta de um hospital estadual quando passou a tomar melatonina em vez de hemitartarato de zolpidem, e na época fiquei eufórica. O zolpidem é um sedativo muito forte, prescrito para insônia. Você provavelmente conhece histórias de pessoas que tomaram esse medicamento, entraram em um estado de sonambulismo e fizeram loucuras.

A melatonina, por outro lado, é um suplemento mais seguro. É um hormônio que o corpo produz naturalmente e que nos ajuda a regular o ciclo de sono. Muitas pessoas relatam que ela não só ajuda a adormecer como também a não ficar acordando durante a noite – e isso sem efeitos colaterais. Esse foi o primeiro passo que eu vi de uma mudança de foco na medicina. E de lá para cá tenho visto cada vez mais profissionais incorporarem tratamentos holísticos complementares ou encaminharem pacientes nesse sentido.

Sim, eu sou uma daquelas que adoram medicina alternativa, mas quando ela é *baseada em evidências*. Tudo que já sugeri tem base em pesquisas, que posso mostrar aos meus pacientes e às outras pessoas envolvidas no cuidado deles. E tive conversas maravilhosas com médicos da minha comunidade quando comecei a usar essas terapias complementares e compartilhar tais pesquisas.

A seguir você lerá sobre diversos tipos de *medicina complementar*. Esse nome tem um motivo. A ideia é aumentar o escopo da medicina, não necessariamente substituir uma prática pela outra. Eu sou psicoterapeuta e NUNCA sugeriria a ninguém que descartasse os medicamentos prescritos que ajudaram tantas pessoas a continuar vivas.

Mas ao mesmo tempo acredito na moderação. Portanto, vamos ver opções de tratamento disponíveis que podem ajudar a acabar com essa bagunça que está acontecendo na sua vida e no seu cérebro.

Psicoterapia tradicional

Sim, essa é a minha área. Sou psicoterapeuta profissional licenciada. A terapia tem uma grande capacidade de cura, seja feita em paralelo com outros tratamentos ou até mesmo de forma isolada. Um bom terapeuta oferece dois benefícios: seu treinamento profissional e uma perspectiva de sua vida que você não tem, porque não é ele que vive as experiências que você está vivendo – pelo menos no momento. O psicoterapeuta pode lhe fornecer ideias, conselhos e fazer intervenções para ajudar você na sua jornada.

Se você quer fazer psicoterapia, procure um psicólogo clínico ou um psicanalista licenciado. Coaches e outros profissionais afins podem até fazer um trabalho incrível, mas provavelmente não têm a formação e os recursos para ajudar você no trabalho emocional mais complexo, como um psicoterapeuta faz.

Se você está lidando com traumas, procure um profissional especializado e descubra que treinamentos ele realizou, qual é sua formação. Tudo isso deve estar em algum lugar, e, caso não esteja, não tenha vergonha de perguntar!

Se você sabe que prefere determinado estilo – por exemplo, a terapia cognitivo-comportamental –, procure profissionais especializados nessa área.

Alopatia

Alopatia é o tratamento convencional, a medicina ocidental. Os medicamentos prescritos que já conhecemos. Não há nada de errado com o tratamento alopático, a medicação salva vidas. Se eu tenho uma pneumonia, não quero que alguém me dê um chá de ervas, quero tomar um antibiótico.

O problema é que, como sociedade, estamos usando cada vez mais a medicação como a primeira (e única) forma de controle de transtornos mentais em vez de focar nas causas mais profundas. Ansiedade e depressão? Temos medicamentos para isso. E, no lugar de usá-los para aliviar os sintomas enquanto tratamos de outra forma as causas principais, passamos a nos valer somente deles, sem qualquer outro suporte.

Isso leva ao excesso de medicação, que leva a inúmeros efeitos colaterais, que, por sua vez, levam a mais medicamentos para controlar os efeitos colaterais. Cada vez mais ouvimos histórias de pessoas que tomam tanto remédio que acabam tendo intoxicação.

E a verdade é que os medicamentos não funcionam tão bem quanto acreditamos, apesar dos bilhões que os fabricantes gastam em publicidade para nos convencer do contrário. A maioria das pessoas para de tomá-los depois de um tempo justamente porque se dão conta de que eles não são essa maravilha toda. E a Organização Mundial da Saúde divulgou um estudo de longo prazo que descobriu que, em países em desenvolvimento onde medicamentos antipsicóticos não estão disponíveis, o percentual de pessoas que se recuperaram de alguma condição mental era MAIS ALTO. Porque, se o medicamento não está disponível, ele não é o foco do tratamento. Então as causas foram tratadas. Aos pacientes foi dado um senso de significado e comunidade. E eles melhoraram.

A medicina alopática não precisa – e muitas vezes não deveria – ser a etapa final do seu tratamento. Mas, em alguns casos, ela ajuda a melhora a acontecer mais rápido. Meu amigo Aaron é médico (sim, médico DE VERDADE, que pode prescrever remédios, ao contrário de mim, que só falo besteira) e usa a seguinte analogia:

> *Imagine que você está num barco no meio do oceano e tem um furo no casco. Você pode colocar uma bomba no porão e manter o nível da água baixo o suficiente para chegar à costa. Também pode mergulhar no porão e tapar o buraco. Mas provavelmente seria muito melhor se você usasse a bomba primeiro para baixar o nível da água e assim chegar ao buraco com mais facilidade. O remédio é a bomba que vai mantê-lo à tona enquanto você e o psicoterapeuta tapam o buraco juntos.*

Sim, às vezes os remédios ajudam. Mas como? Se sabemos que uma resposta ao trauma altera a química cerebral, o que os remédios fazem para corrigi-la? Aqui vou roubar descaradamente outra analogia do Dr. Aaron:

> *Imagine que você é uma base da Força Aérea. Está tudo bem, então, de repente, todas as luzes se apagam e o radar pifa. Você não vai mais supor que está tudo bem só porque um segundo atrás estava tudo bem. Você supõe que a base foi atacada. Quando você tem um transtorno de humor, é como se o seu radar perdesse a comunicação com o restante da base, então a todo momento ele acha que está havendo um ataque. O que nós vamos fazer é religar a comunicação para que seu detector de ameaças, que presumimos estar funcionando bem, volte a se comunicar com a unidade de resposta a ameaças.*

O Prozac surgiu em 1987, trinta anos antes da publicação deste livro. Foi o primeiro de muitos antidepressivos que chegaram ao mercado nos anos seguintes. Apesar disso, os índices de suicídio continuaram subindo nos Estados Unidos. E é exatamente por isso que as analogias do Dr. Aaron são tão brilhantes. Medicação como ferramenta, ok. Medicação como algo que pode salvar vidas, ok. E NÃO medicação como panaceia. Ela deve ser um mecanismo de controle de *sintomas*, nunca de *pessoas*, que é o que vem acontecendo cada vez mais. Certas populações, como a carcerária e a de crianças em orfanatos, fazem, na média, tratamento com medicamentos psiquiátricos em índices muito mais elevados que outras, o que é orwelliano demais para o meu ponto de vista da cura.

Existe uma tendência cada vez maior de desconfiança em relação aos medicamentos psiquiátricos alopáticos. Mas um efeito colateral dessa tendência é que ela vem AUMENTANDO o estigma e a vergonha sobre os transtornos mentais.

Quanto mais pudermos fazer para estimular a capacidade do próprio corpo de se adaptar e se recuperar, melhor. Os medicamentos podem fazer parte dessa jornada, mas não são as únicas ferramentas disponíveis. Quando aprendemos sobre os medicamentos e em que momentos são necessários, aumentamos muito a chance de só os utilizarmos quando de fato se mostrarem necessários.

Naturopatia

Eu sei, eu sei, você fica com os dois pés atrás quando ouve alguém dizer: "Aqui, mastigue esta casca."

Parte da razão pela qual os suplementos têm má reputação é que muitos que estão no mercado são uma porcaria completa. Em 2015, o procurador-geral de Nova York mandou testar um monte de suplementos e enviou uma infinidade de cartas a empresas ordenando a interrupção imediata da fabricação de medicamentos fitoterápicos, com base no fato de que muitos dos produtos testados não continham ingredientes ativos. A Universidade de Guelph, no Canadá, estudou vários suplementos e encontrou ingredientes não listados na bula, inclusive muitos que poderiam causar reação alérgica ou eram versões sintéticas do produto em vez do extrato da erva ou do alimento integral. Os sintéticos geralmente produzem mais efeitos colaterais porque o corpo humano tem dificuldade para reconhecê-los como nutrientes.

Então, sim, as pesquisas sobre a eficácia de certas ervas e suplementos são legítimas, mas ao mesmo tempo nos sentimos estúpidos e/ou enganados quando eles não funcionam em nós. Eu mesma tive essa experiência com uma kava-kava fajuta que experimentei anos atrás. Na época fiquei bem irritada. Tive medo de voltar a experimentar kava-kava e só mudei de ideia quando aprendi a encontrar e tomar produtos de qualidade. Eu sabia fazer isso com medicamentos prescritos, mas de alguma forma nunca me ocorreu que devesse tratar os suplementos com a mesma seriedade.

Hoje em dia sou fã de alimentos integrais e suplementos de ervas como aliados ou mesmo substitutos de medicamentos alopáticos prescritos. É um assunto sobre o qual vale a pena conversar com seu médico. Muitos médicos adeptos da medicina ocidental estão aderindo à naturopatia, e também há ótimos médicos holísticos por aí.

Existem fórmulas eficientes que são usadas há séculos para controlar o estresse, a ansiedade, a depressão e outros sintomas relacionados ao trauma. A kava-kava é um bom exemplo, assim como a erva-de-são-joão e outras por aí. Em geral minhas recomendações dependem dos sintomas que meu paciente apresenta e de suas respostas ao trauma, mas esse é um assunto que daria um outro livro. E, sim, prometo que vou escrever!

Vale MUITO a pena consultar um fitoterapeuta, um médico especializado em fitoterapia chinesa ou um nutricionista clínico antes de começar a consumir produtos naturais. Você não precisa comprar nada caro para se beneficiar dos cuidados oferecidos pela naturopatia.

Outras terapias complementares

As terapias complementares não servem para diagnosticar ou tratar condições, mas para aumentar a capacidade natural do corpo de se recuperar. Adoro saber que estou dando ao meu corpo e à minha mente tudo de que eles precisam para cuidar de si mesmos. Muitos desses tratamentos têm alta eficácia e podem ser feitos sozinhos ou em conjunto com práticas ocidentais (como a psicoterapia tradicional ou a alopatia). Entre as terapias mais comuns, embasadas cientificamente, estão:

Acupressão/acupuntura

A acupressão e a acupuntura têm os mesmos princípios, mas a acupuntura envolve o uso de agulhas, enquanto a acupressão envolve o simples toque em certos pontos da pele, sem romper o tecido.

Tanto uma quanto outra funcionam estimulando certos pontos do corpo a promover a cura e/ou reduzir a dor. O interessante é que, à medida que aprendemos mais sobre o nervo vago, vemos muitas semelhanças entre o mapeamento do nervo e os desenhos acupunturais criados 5 mil anos atrás. Sabemos que as respostas ao trauma são uma reação do corpo inteiro quando olhamos para as pegadinhas que o sistema límbico apronta com a gente. Grande parte dessa resposta atravessa o corpo pelo nervo vago. Então tem alguma coisa de certo nessas agulhadas!

Alguns psicoterapeutas combinam a psicoterapia com a acupressão – em geral, usando a técnica de liberação emocional, que une estratégias de acupressão e repetição de frases. Você mesmo pode realizar a técnica de liberação emocional com a orientação do profissional, usando os pontos de ativação principais que um acupunturista usa (melhor ainda se você não gosta de ser tocado pelos outros). A repetição de frases ajuda você a reformular as histórias que seu cérebro tem contado ao mesmo tempo que inventa outras. Existem inúmeros vídeos para orientá-lo no processo básico, embora um terapeuta possa ajustar o passo a passo para que você enfrente uma situação específica.

Massagem

Não preciso explicar o que é massagem – todo mundo sabe. Mas as pessoas ficam surpresas quando eu a sugiro como tratamento para problemas emocionais, não só para dores físicas. Em primeiro lugar, a dor física pode ser sintoma de depressão. Mas, mesmo que não seja o caso, a massagem pode ser uma forma segura de as pessoas aprenderem a relaxar e se sentirem confortáveis. A massagem funciona como uma reconfiguração do sistema nervoso. Muitas vezes, após um trauma, nos sentimos desconectados do nosso corpo. Ao mesmo tempo, porém, percebo que a massagem pode servir de gatilho para certos tipos de trauma. Assim, nunca se force a sair da sua zona de conforto. Algumas pessoas se sentem muito mais confortáveis com uma massagem nos pés do que com uma massagem no corpo inteiro. Outras preferem um banho quente ou uma banheira de hidromassagem a serem tocadas por alguém. Técnicas seguras que ajudam você a se reconectar com seu corpo podem fazê-lo relaxar muito mais rápido.

Quiropraxia

Hein? Quiropraxia para problemas de saúde mental? Isso não é para dores nas costas? Além do fato de que a depressão pode se manifestar como dor física, a quiropraxia é uma forma holística de tratamento que parte da ideia de que ajustes podem ajudar o suporte do sistema nervoso a funcionar melhor. Dor e suporte do sistema nervoso são partes fundamentais de uma resposta ao trauma. E às vezes os sintomas físicos são muito piores do que os emocionais.

Alguns quiropráticos (assim como massoterapeutas e acupunturistas) também oferecem assistência nutricional.

Cura energética (reflexologia, reiki)

A cura energética é uma daquelas coisas que por muitos anos pareceram superesquisitas, até para mim. Então procurei ler mais sobre o assunto e resolvi tentar. E só posso dizer: UAU! A cura energética é baseada na ideia de que o corpo opera em diversas frequências que podemos explorar para promover a cura. Bizarro? Não muito. Um estudo mostrou que a cura energética é tão eficaz quanto a fisioterapia. Atualmente a Universidade da Califórnia em Los Angeles (UCLA) tem um laboratório inteiro para estudar a atividade elétrica no corpo. E a UCLA é uma universidade financiada pelo Estado. Dinheiro de impostos investido em cura energética. Isso, sim, é ter credibilidade!

A reflexologia se concentra na aplicação de pressão em áreas das orelhas, das mãos e dos pés com base na ideia de que essas áreas se conectam a outros pontos do corpo (e a teoria polivagal confirma isso). Já o reiki (termo japonês que significa *energia vital guiada*) é a canalização de energia da pessoa que conduz o processo para a pessoa que precisa de cura a fim de ativar o processo de recuperação no corpo do paciente. Essas formas de cura energética (entre outras) nos ajudam a encontrar no corpo os pensamentos distorcidos que costumam guardar nossos traumas, para depois liberá-los.

Aliás, a acupressão (trabalho de toque como a técnica de liberação emocional que mencionei) é considerada uma forma de cura energética e de acupuntura.

Biofeedback/neurofeedback/tratamento Alpha-Stim

O biofeedback é o monitoramento eletrônico de todas as funções corporais que ajudam as pessoas a aprender a controlar respostas antes automáticas. O neurofeedback se concentra especificamente nos sinais cerebrais com a mesma intenção: ensinar o indivíduo a comandar suas respostas cerebrais. Temos muito mais controle sobre nossas respostas corporais e cerebrais do que imaginamos, e tanto o biofeedback quanto o neurofeedback podem ser ótimas maneiras de acelerar a cura ao nos fornecer informações imediatas quando o cérebro e o corpo estão começando a entrar no modo luta, fuga ou congelamento. Basicamente você joga um videogame com o cérebro. Parece filme de ficção científica, mas você vem de fábrica com um jogo do tipo Pac-Man e só pode vencê-lo ao manter as ondas cerebrais na zona ideal para o seu bem-estar. Exemplo: meu filho fez um trabalho neurológico para auxiliá-lo no autocontrole e no gerenciamento de impulsos. Foram definidos protocolos que o ajudaram a se concentrar nessa parte do cérebro. Ao vencer o jogo, ele de fato sentiu o sangue correr para essa área de seu CPF. Depois de algumas sessões pudemos ver mudanças até em sua caligrafia!

Também incluo o Alpha-Stim nesta seção pois, embora seja um tratamento passivo, ele se enquadra nos mesmos princípios. Alpha-Stims foram concebidos para ajustar as ondas cerebrais alfa (a grande combinação de calma e alerta que todos nós desejamos). Funciona como o neurofeedback, com a diferença de que a máquina Alpha-Stim faz o trabalho por você em vez de você treinar para alcançar esse estado cerebral por conta própria. O Alpha-Stim melhora o sono, a dor, a ansiedade e uma série de outras condições. Eu o uso com meus pacientes, sobretudo quando estamos lidando com uma narrativa de trauma que é importante para eles, mas que vem causando muitas ressacas "pós-terapia". Também tive pacientes que usaram o Alpha-Stim para reduzir sintomas no dia a dia sem precisar de outros medicamentos.

Mudanças nutricionais

Quando estamos estressados, sentimos necessidade de consumir açúcar. O cérebro precisa de glicose para manter a força de vontade e a energia... e é por isso que fazer dieta é tão difícil. Na dieta você é privado da glicose necessária a essa força de vontade. Normalmente, quanto mais estressados e ocupados estamos, pior comemos. Vira um círculo vicioso e ridiculamente frustrante.

Sei que existem muitas divergências acerca da nutrição por aí. Descobrir a melhor dieta para você pode ser uma tarefa cansativa (Paleo? Vegana? Sem glúten? QUE DIABO EU DEVO COMER?). Resposta curta: o corpo funciona melhor quando cuidamos dele ingerindo alimentos integrais e saudáveis que os humanos comeram durante séculos. Qualquer dieta fará com que você fique mais atento ao que está colocando na boca, então não sei se o ideal é você escolher uma e ignorar todas as outras. Na verdade, cada pessoa tem suas necessidades nutricionais.

Vale a pena buscar ajuda de um nutricionista, um médico especializado em medicina chinesa ou um naturopata que trabalhe com nutrição. Eu trabalho com nutrição clínica no meu consultório. Em muitos casos fiz apenas uma ou duas mudanças na alimentação ou na suplementação nutricional dos pacientes, e isto era tudo que eles realmente precisavam: alguns conselhos básicos que os ajudassem a filtrar o enorme número de informações disponíveis.

Esse tema – nutrição e saúde mental – dá um livro, mas existem princípios básicos que podem ser muito úteis sem virarmos os lunáticos da alimentação:

- Se comermos de forma saudável cerca de 85% do tempo e nos permitirmos comer besteiras nos outros 15%, podemos manter o corpo em bom funcionamento.
- Fique longe de alimentos industrializados sempre que possível. Tente evitar alimentos que tenham rótulos. Sim, foi isso mesmo que você leu. Quanto mais refinado e processado for o alimento, maior a probabilidade de seu corpo não reconhecê-lo como alimento.
- O movimento de não ingerir glúten tem mais a ver com a

modificação genética do trigo e menos com o glúten em si, pelo menos para a maioria das pessoas (exceto celíacos e aquelas com alergias graves). O ideal seria mudar para a França ou a Itália, mas o melhor que podemos fazer é manter o glúten e grãos geneticamente modificados o mais longe possível da nossa boca. Eu moro no sul do Texas, nos Estados Unidos, então sempre comemos tortilhas de milho. Muita gente que não consome trigo usa farinha de coco ou de amêndoas. Se você sente muita falta de trigo, experimente a farinha de *einkorn* em vez da porcaria refinada que fica nas prateleiras do supermercado.

- Muitas pessoas com intolerância à lactose se dão bem com leites crus, não pasteurizados. Eu posso, meu filho não pode. Mas vale a pena tentar.
- Adoçantes químicos, como aspartame, sacarina e sucralose, são extremamente prejudiciais ao corpo. Esse tipo de corte de calorias não favorece a sua saúde a longo prazo. Uma boa opção de adoçante sem calorias é a estévia.
- Se você suspeita que algo está fazendo você se sentir pior, tente não consumi-lo por 21 dias. Veja como se sente. Depois volte a consumir. Notou diferença? Seu corpo lhe dirá do que precisa.

Apoio de pessoas com experiências semelhantes

Existe um enorme corpo de pesquisa que mostra que o apoio de pares é parte fundamental do bem-estar e do processo de recuperação de muitas pessoas. Faz sentido. Alguém que tenha uma experiência de vida semelhante à sua tem um nível de empatia, compreensão e compaixão que outros não têm. Existem profissionais que oferecem tratamentos maravilhosos por aí, mas muitas vezes nos conectamos com pessoas que percorreram o mesmo caminho que nós estamos percorrendo.

Existem diversos nomes para essa função, entre os quais coach, mentor, parceiro. Ao mesmo tempo, há profissionais experientes que podem compartilhar essa experiência.

Se você puder contar com o apoio de pares no tratamento, experimente. Às vezes, alguém que esteve no mesmo buraco em que você se encontra é a melhor pessoa para conversar sobre como encontrar uma saída.

Apoios naturais

São as pessoas que o amam só porque faz parte da vida delas. Familiares, amigos, professores, colegas de trabalho, etc. que superam suas expectativas de apoio. Ter pessoas que nos amam só porque AMAM é fundamental para a melhora. Aproveite essas pessoas! Se elas pedirem para ajudar, deixe! É preciso muito mais força para aceitar ajuda do que para rejeitá-la. Seja forte o suficiente para permitir que outras pessoas entrem na sua vida.

COMO ESCOLHER O PROFISSIONAL CERTO

Este capítulo apresenta uma ampla gama de opções de tratamento. Mas, com todas essas opções, é importante escolher o profissional certo.

Não existe uma forma mágica de fazer essa escolha — você precisa pedir recomendações de pessoas que conhece, fazer perguntas ao profissional e, caso perceba que ele não atende às suas expectativas, procurar outro.

Sempre que possível procure informações sobre o profissional na internet. Você gostou dele e de como ele se apresenta? Se sente à vontade com a ideia de consultá-lo? Tem uma visão de mundo parecida com a sua?

Crie uma lista com aquilo que você considera importante num profissional e outra com seus objetivos. Se o trabalho que você está fazendo no momento não corresponde ao que você listou, é hora de trocar de profissional.

Nesse ponto o importante é lembrar que você não está lidando com um amigo de aluguel. O tratamento funciona quando é concebido para ajudar você a assimilar sua vida, alcançar a cura e seguir em frente. Se você precisa se forçar a falar com o profissional em vez de ouvir boas ideias e sentir que está se aproximando da cura, então o tratamento está fazendo mais mal que bem. Busque profissionais com os quais você goste de trabalhar porque vão lhe oferecer apoio e orientação com foco no processo de cura. Um bom profissional não ficará magoado se você disser que ficará melhor com outra pessoa. Na verdade, nesse momento ele deve oferecer referências e sugestões de pessoas com quem você tem mais probabilidade de se conectar. O objetivo da terapia é melhorar, não trabalhar com uma pessoa específica.

Estamos falando da sua vida, do cuidado que você tem consigo mesmo. Você não deve nada ao profissional que oferece o tratamento, exceto o pagamento pelos serviços prestados.

PARTE DOIS

ESTE É O SEU CÉREBRO NO DIA A DIA

Vivemos tempos interessantes, e isso não é nada bom. Mesmo quando parece estar tudo bem, não temos calma, tranquilidade e espaço para fazer uma pausa e relaxar. Lembra quando as férias eram uma época de diversão e aventuras? Agora é um momento de fugir para algum lugar sossegado, para você não ter que fazer nada. Muitos dos meus pacientes não são loucos, só estão *exaustos*.

E isso é uma questão real. Temos muitas doenças físicas, como a fibromialgia, que poderiam ser explicadas como fadiga adrenal. Talvez a gente esteja se aproximando de um território complicado aqui, mas faz sentido quando você olha para o que acontece com o corpo durante a resposta ao estresse. As glândulas adrenais ou suprarrenais secretam os hormônios que nos ajudam a reagir ao estresse *agudo*. Se a demanda por esses hormônios é contínua porque estamos sob estresse *crônico*, a produção hormonal começa a cair. A insuficiência adrenal completa aparece no exame de sangue, mas quedas menores no funcionamento dessas glândulas, não.

No entanto, seus sinais podem aparecer de outras maneiras, como exaustão, dores no corpo, descolorações estranhas da pele, queda de cabelo, tontura causada por queda de pressão arterial, etc. É como se o corpo dissesse: "Tem algo errado acontecendo."

Mas isso é assunto para outro livro. Este é o livro sobre o cérebro. Então, sim, também é muito provável que a nossa resposta contínua ao estresse (induzida por trauma ou não) seja responsável por um monte de transtornos mentais. Depressão e distúrbios do humor, ansiedade, raiva, vícios – tudo isso está claramente conectado ao desgaste contínuo do corpo provocado pela resposta física ao estresse.

Hã? Mas você acabou de dizer que os hormônios do estresse são secretados pelas glândulas adrenais. Que diabo isso tem a ver com saúde mental e emocional?

Ótima pergunta! O problema é que as adrenais (e todas as outras glândulas) só secretam hormônios quando a hipófise (ou glândula pituitária), localizada no cérebro, manda. As adrenais (entre outras) são importantes, mas estão sob o controle da hipófise. Elas dão a surra, mas não são elas que dão a ordem para o ataque.

E de quem a hipófise recebe ordens? *Bingo!*

O cérebro (mais especificamente o hipotálamo) é a verdadeira glândula-mestra, o técnico do time. E o técnico trabalha em parceria com o armador principal da equipe – a hipófise –, que por sua vez determina como o resto do time (o corpo) vai jogar. O hipotálamo e a hipófise controlam o sistema hormonal *e* o sistema nervoso fazendo conexões com eles a todo momento. A regulação do corpo começa no cérebro.

Então, qual é a resposta para manter tudo isso em equilíbrio? Bem, a verdadeira resposta mágica seria sofrer menos estresse. Mas ela seria totalmente inútil... porque não existe a menor possibilidade de isso acontecer, né? Então, em vez disso, precisamos aprender a lidar melhor com o estresse para levar a vida sem perder a cabeça e destruir o corpo.

A segunda metade deste livro é a parte da jornada em que começamos a descobrir exatamente como o corpo e a mente manifestam o estresse. Então continue por aí enquanto eu explico o estrago causado pelo estresse de forma simples e acessível. Garanto que você vai entender rapidinho grande parte do que tem pensado, sentido e feito.

6

Ansiedade

A palavra *ansiedade* não foi criada ontem. Na verdade, era mais usada no início do século XIX do que no início do século XXI.

Sabe o que isso significa? A ansiedade é uma condição humana clássica contra a qual lutamos há séculos. A vida moderna é estressante, disso não resta dúvida. Mas a vida moderna não é a fonte da nossa ansiedade – embora a humanidade em si seja uma experiência que provoca ansiedade em muita gente.

A palavra *ansioso* vem do latim *anxius*, que vem do grego *anko*, que significa "sufocar". Caramba, nessa os antigos acertaram em cheio.

A ansiedade pode ser muita coisa: em sua forma mais fria, uma sensação de mal-estar; em fogo médio, uma angústia; em ebulição, um pânico total. E, como bem sabiam os antigos, a ansiedade é uma experiência somática – ou seja, é algo que você sente no corpo e que ao mesmo tempo controla seus pensamentos.

É uma sensação superdesconfortável. Seu corpo está fazendo você se sentir mal de propósito, obrigando-o a prestar atenção no que está sentindo.

Então vamos trabalhar com a seguinte definição de ansiedade: estado de desequilíbrio do corpo numa intensidade que exige atenção imediata e uma atitude da parte de quem sente.

Pode ser diante de uma ameaça real ou percebida, presente ou antecipada.

É por isso que a ansiedade é tão difícil de ignorar. O corpo produz ansiedade para chamar sua atenção, como se fosse uma criança correndo desesperada pela rua no meio de uma tempestade com um punhado de balinhas numa mão e uma faca na outra.

Que imagem! Não dá para tirar da cabeça tão facilmente.

A ansiedade exige toda a atenção que temos a dar, por mais inconveniente que seja o momento ou por mais desnecessária que ela seja, para começo de conversa. Acho que a esta altura você já deve ter percebido como ela se relaciona com as respostas ao trauma. Se você é do tipo que diz a si mesmo que precisa manter sempre a guarda alta, é muito fácil a ansiedade se tornar a sua configuração-padrão.

Sintomas de ansiedade

Pensamentos e sentimentos

- Preocupação excessiva
- Ruminação (padrões de pensamento contínuos, como um hamster correndo na roda de exercício sem parar)
- Irritabilidade/raiva (estranho, né? A raiva é uma emoção culturalmente aceita, por isso costumamos substituir o que realmente estamos sentindo por ela. Confira o capítulo sobre raiva!)
- Medos irracionais/fobias específicas
- Medo do palco/fobias sociais
- Autoconsciência exagerada
- Medo

- Sensação de desamparo
- Flashbacks
- Comportamentos obsessivos, exigência, perfeccionismo
- Compulsões
- Dúvidas
- Sensação de que você está "perdendo a cabeça" ou "enlouquecendo"

Sintomas físicos*

- Dificuldade para adormecer ou continuar dormindo
- Incapacidade de descansar
- Tensão muscular
- Tensão no pescoço
- Indigestão crônica
- Dor de estômago e/ou náusea
- Coração acelerado
- Ouvir a pulsação (sentir os batimentos cardíacos)
- Dormência ou formigamento nos pés, nas mãos ou nos dedos
- Sudorese
- Fraqueza
- Falta de ar

---

* Você está lendo e pensando... essa lista vale para tudo, desde ansiedade até ebola. É por isso que tanta gente vai correndo até o pronto-socorro pensando que está tendo um ataque cardíaco quando tudo não passa de uma crise de ansiedade. É por isso *também* que muita gente não percebe que está tendo um ataque cardíaco, porque está ao mesmo tempo tendo uma crise de ansiedade. No treinamento de Primeiros Socorros em Saúde Mental, sugerimos que, se você vir alguma pessoa com possíveis sintomas de crise de ansiedade, pergunte se ela sabe o que está acontecendo e se já aconteceu antes. Se ela responder "não", trate a situação como uma possível emergência e chame uma ambulância.

- Tontura
- Dor no peito
- Dor de estômago
- Sensação de calor e frio (calafrios e febre não causados por mudança na temperatura do corpo)
- Dores agudas/sensação de ter levado um choque

Existem muitos outros sintomas. Os que mencionei são os mais comuns – a lista completa de tudo que você pode sentir por causa da ansiedade daria um livro. Você encontra ótimas listas na internet, inclusive algumas que detalham todas as diferentes categorias de sintomas de ansiedade.

Muitas outras coisas que fazemos são adaptações que criamos para controlar a ansiedade. O transtorno obsessivo-compulsivo, por exemplo, é uma resposta à ansiedade. Nem todo mundo pratica automutilação por causa da ansiedade, mas muita gente faz isso. Inúmeros diagnósticos decorrem de alguns poucos problemas centrais, e a ansiedade é um desses problemas. O corpo faz muitas coisas desagradáveis para chamar nossa atenção e nos obrigar a corrigir o curso.

Você se identificou com alguma delas? Provavelmente não estaria lendo este livro se a sua resposta fosse: "Que nada, estou tranquilo."

Eu tenho ansiedade ou só sou ansioso às vezes?

Você faz perguntas incríveis! Como qualquer outro problema de saúde mental, a resposta está em saber se a ansiedade está controlando a sua vida ou é apenas uma forma legítima de seu corpo mandar você se levantar e fazer alguma coisa.

Clinicamente falando, se você diz que sua ansiedade é um

problema, então eu concordo que é um problema. Você se conhece melhor que ninguém.

Algumas pessoas querem saber se há um modo formal de fazer uma autochecagem. Existem muitas escalas de avaliação de ansiedade por aí. A que se vê com bastante frequência é a OASIS (sigla em inglês para Escala de Comprometimento e Gravidade Geral da Ansiedade). Ela é respaldada por pesquisas, pois foi desenvolvida pelos Institutos Nacionais de Saúde dos Estados Unidos.

A OASIS não tem um número de corte (algo do tipo: "Abaixo disso você está bem, acima disso você está ansioso"), mas pode ser um bom ponto de partida para iniciar uma conversa com um profissional ou apenas para refletir sobre suas experiências.

As perguntas da OASIS pedem que você pense sobre suas experiências da última semana e as avalie numa escala de 0 a 4, sendo, basicamente: 0 = nenhum problema, 1 = pouco frequente, 2 = ocasionalmente, 3 = bastante frequente e 4 = eu vivo com isso, obrigado por perguntar.

Sim, estou simplificando um pouco o que consta no questionário. Você pode acessar a versão completa disponibilizada pelo Ministério da Saúde em https://linhasdecuidado.saude.gov.br/resources/EscalaGravidadePrejuizo.pdf.

- Na última semana, com que frequência você se sentiu ansioso?
- Na última semana, quando você se sentiu ansioso, quão intensa ou severa foi a sua ansiedade?
- Na última semana, com que frequência você evitou situações, lugares, objetos ou atividades devido a ansiedade ou medo?
- Na última semana, quanto sua ansiedade interferiu na sua capacidade de fazer o que precisava no trabalho, na escola ou em casa?

- Na última semana, quanto a ansiedade interferiu em sua vida social e nos seus relacionamentos?

Respondeu às perguntas e está pensando "Eita, só marquei números altos!"? Você não está só. De acordo com a Kim Foundation, em algum momento do ano cerca de 40 milhões de adultos americanos com 18 anos ou mais (18,1% da população) se encaixam nos critérios de transtorno de ansiedade e 75% dos indivíduos com transtorno de ansiedade tiveram seu primeiro episódio antes dos 21 anos.

A ansiedade se parece muito com o estresse

Pois é. E a ansiedade geralmente deriva do estresse crônico. A diferença é que o estresse tem gatilhos externos. Eu sei, a ansiedade também, mas continue lendo.

O estresse pode produzir ansiedade, mas também pode produzir várias outras respostas emocionais (a depressão provavelmente é a maior delas). A ansiedade é uma resposta interna aos agentes estressores.

Pense nisso como um fluxo de trabalho. Se você se estressa, então surge a ansiedade – ou qualquer outro estado emocional desconfortável. Tudo acontece tão rápido que acaba se misturando no cérebro. Mas o fato é que há uma relação de causa e efeito entre os dois.

Caso queira aprender mais sobre o assunto, aconselho você a ler *Por que as zebras não têm úlceras?*, de Robert Sapolsky.

Então, de onde vem essa tal de ansiedade?

De modo geral, o corpo humano trabalha duro para se manter tranquilo. Então, por que ele o enlouquece de propósito com essa coisa de ansiedade? Faz tanto sentido quanto bater a cabeça numa parede de tijolos para ficar alegre!

Mais uma vez, a resposta está no funcionamento do cérebro, na forma como as mensagens são enviadas.

Explicação curta: somos programados para ter respostas emocionais fortes, porque elas nos mantêm vivos. A ansiedade é uma habilidade importante de sobrevivência.

Explicação mais longa: se alguma coisa desencadeia uma resposta de ansiedade, seu corpo é inundado por noradrenalina e cortisol. Vamos ver o que esses hormônios fazem.

A *noradrenalina* é liberada pelo sistema nervoso central a fim de preparar seu corpo (que inclui seu cérebro, claro) para a ação. Aumenta seu foco e sua atenção, e também seu fluxo sanguíneo, a pressão arterial e a frequência cardíaca.

O *cortisol* é o hormônio clássico do estresse. Aumenta o nível de açúcar no sangue e suprime o sistema imunológico. Muitas pessoas com estresse crônico ganham peso, mais especificamente "gordura abdominal", devido à produção constante de cortisol. O importante a saber aqui é que, quando o cortisol é liberado com sua comparsa, a noradrenalina, ele cria fortes associações de memória com certas sensações, gerando sinais de alerta para coisas que você deve evitar no futuro.

O interessante da ansiedade como resposta ao estresse é que ela tem um lado bom: ter ansiedade significa que o corpo ainda está reagindo, e isso é fundamentalmente diferente da depressão, que é em suma uma resposta de desamparo aprendido (citando Robert Sapolsky novamente).

Os sintomas de ansiedade são habilidades ativas de enfrentamento a ameaças. O problema é quando o cérebro decide que quase tudo, em quase todos os lugares, é uma ameaça. Quando isso acontece, *bum!*, temos uma resposta ao trauma.

Mesmo quando descobre seus gatilhos você não consegue evitar a ansiedade. Como vimos, acontece a combinação química de dois hormônios poderosos no nosso corpo. Assim, num momento de ansiedade ou durante uma crise de pânico, você precisa fazer algo para *metabolizar esses hormônios*. Quando a ansiedade bate, é preciso encará-la.

Você pode fazer qualquer um dos exercícios ao final dos capítulos a seguir, ou do Capítulo 4, para controlar a ansiedade no momento em que ela surge. Dê à sua ansiedade um nome ou uma personalidade ridícula. Segure gelo. Faça exercícios de respiração.

Quando não estiver ansioso, faça um treinamento de longo prazo para reprogramar o funcionamento do seu cérebro.

Treinamento para ser otimista

Assim como outros treinamentos para o cérebro, certas coisas podem ajudar a combater a ansiedade crônica. Não existe uma bala de prata – uma cura definitiva e imediata –, mas a ideia de treinar para ser otimista tem seus méritos. Existe um cara chamado Martin Seligman, um grande nome na minha área de atuação, que estava estudando o desamparo aprendido quando percebeu que pessoas otimistas e alegres apresentam certas qualidades:

- *Permanência*: Pessoas otimistas não se preocupam com eventos ruins e os tratam como contratempos temporários. Elas se recuperam mais rápido dos reveses. Também acreditam que coisas boas acontecem por motivos permanentes. Basicamente, pensam que o mundo está a seu favor.

- *Abrangência*: Pessoas otimistas tendem a isolar seus fracassos. Para elas, o fracasso numa área pertence apenas a ESSA área – ele não se espalha por TODAS AS PARTES DA VIDA O TEMPO TODO. Elas também tendem a permitir que as coisas em que são boas influenciem outras áreas da vida em vez de mantê-las confinadas em seu próprio espaço. Ser ruim no basquete não significa que você não saiba fazer um risoto. Por outro lado, se o seu risoto é nota 10, isso é um indicador de que VOCÊ é nota 10. E que deveria cozinhar com mais frequência. E, se for esse o caso, me convide para jantar, porque eu adoro risoto!
- *Personalização*: Para os otimistas, eventos ruins se dão por circunstâncias ruins, e não porque eles são ruins como pessoas, mas assumem que circunstâncias boas são uma indicação de que são pessoas boas. Resumindo, as falhas são eventos, não pessoas. Mas os sucessos são pessoas, não eventos. Entendeu?

Ao compreender o que torna uma pessoa otimista, Seligman teve uma ideia: se podemos aprender o *desamparo* e o *pessimismo*, por que não podemos aprender o *otimismo* e uma *perspectiva positiva*?

> **TOME UMA ATITUDE: DESAFIE SUA NEGATIVIDADE**
>
> Seligman criou o modelo CCCCC para ajudar você a reformular seu pensamento e ser otimista. E, sim, lembra muito a terapia racional-emotiva comportamental (TREC) de Albert Ellis e a terapia cognitivo-comportamental (TCC) de Aaron Beck. Todos nós roubamos

as coisas uns dos outros o tempo todo. Terapeutas e pesquisadores são assim mesmo.

Pense na última vez que você se sentiu ansioso e faça anotações a respeito de cada uma das cinco letras:

No modelo de Seligman, o primeiro C significa contrariedade. O que tem acontecido que geralmente desencadeia sua resposta de ansiedade?

O segundo C é de crença. Quais são suas crenças acerca desse evento específico? Seja honesto: se a todo momento sua ansiedade é desencadeada, é porque provavelmente você está num padrão de pensamento do tipo "Ferrou!".

O terceiro C é de consequências, embora na verdade devesse significar cookies. Seligman não concordou comigo nesse ponto. Para mim, quando alguma coisa dá errado, você tem que parar tudo e comer um cookie. Mas ele quer que você observe como reagiu à situação e às suas próprias crenças.

O quarto C é de contestação. É aqui que você argumenta com os pensamentos negativos que seu cérebro está tirando da cartola e tenta descobrir uma nova forma de lidar com isso. Lembra do cérebro contador de histórias? Crie uma nova história!

O quinto e último C significa capacitação. O que aconteceu depois que você se concentrou numa forma diferente de reagir? Mesmo que ainda esteja com a ansiedade nas alturas, você lidou com a situação melhor do que no passado? Com o tempo, você percebe que, ao fazer isso, sua ansiedade está FINALMENTE começando a ir embora?

Comece preenchendo os três primeiros Cs. Reflita e procure se lembrar de momentos de pessimismo e negatividade. Descreva o que aconteceu nessas situações.

Em seguida, pare alguns dias para digerir o assunto, depois volte à lista e acrescente os dois últimos Cs, formando o CCCCC. Essa é uma etapa mais difícil – um trabalho ativo de desafiar o pessimismo e aprender a ser otimista. Mas, com a prática, você consegue!

1. Contrariedade: Cite apenas os fatos. Descreva o que aconteceu (quem, o quê, onde, quando), sendo o mais preciso e detalhista possível.
2. Crenças: O que você estava pensando? Tente dar respostas exatas. Como foi o seu diálogo interno? Não tem problema se foi grosseiro, feio ou esquisito. Anote. Se trouxe uma memória ou um flashback à tona, anote também!
3. Consequências: Como esses pensamentos fizeram você se sentir? Como você se comportou? O que se passou no seu corpo? Que emoções você experimentou? Como reagiu?
4. Contestação: Existem quatro maneiras de contestar as crenças negativas.
    A. Evidências: Existem evidências de que a sua crença se baseia na realidade? Se alguém diz "Eu te odeio", então a crença de que essa pessoa te odeia é apoiada em evidência, certo? Mas a maioria das crenças, não.
    B. Alternativas: Existe outra maneira de encarar a situação? Quais foram as circunstâncias dinâ-

micas da situação? (Nem sempre você vai mal na prova poque não sabe nada da matéria, o problema é que você estava doente e fez a prova indisposto.) Quais foram as especificidades da situação? (Ser ruim no futebol não faz de você um mau ser humano ou mesmo um mau atleta.) Qual foi a contribuição dos outros para o problema? (É TUDO culpa sua mesmo?)

C. Implicações: Tá bom, talvez você realmente tenha se lascado. Mas é realmente uma catástrofe? Que perspectivas você pode acrescentar à situação? (Tudo bem, eu fui mal na entrevista de emprego... mas isso significa que ninguém vai me contratar pelo resto da vida?)

D. Utilidade: Só porque algo é verdadeiro, não significa que é útil. Como você pode encarar a experiência vivida como algo que dê sentido à sua vida? Você passou a ter mais respeito por essas coisas ou pessoas que valoriza? Tornou-se capaz de demonstrar melhor esse respeito?

5. Capacitação: Como você se sente após a contestação? Seu comportamento mudou? Seus sentimentos mudaram? Notou algo que não havia notado antes na situação? Conseguiu pensar em uma solução?

Comemore o seu sucesso!

7

Raiva

Se você já procurou a definição de raiva, sabe que geralmente ela não é muito útil – são sinônimos, não uma definição. Você lê e pensa: "Eu sei o que é irritação, fúria, ira. São formas de raiva. Mas de que a raiva é feita, afinal?"

Bem, a raiva é uma emoção. Óbvio, né? A palavra *emoção* vem do latim *emovere*, que significa "movimento para fora".

Parece que estamos chegando a algum lugar. Então, primeiro um lembrete geral: "As emoções são respostas instintivas desencadeadas por eventos externos e memórias internas de eventos passados. Ocorrem na parte média do cérebro, separadas do raciocínio e dos processos cognitivos, que ocorrem no CPF."

Portanto, a raiva é uma reação instintiva cujo movimento é para fora. Faz sentido, certo? Em essência, *a raiva é uma resposta instintiva que tem o intuito de nos proteger do perigo, nos levando a agir.*

Agora, sim, uma definição de raiva realmente útil.

A raiva (e a agressão provocada pela raiva) é ativada da mesma forma que as outras emoções. A tríade de ativação da raiva é formada por amígdala, hipotálamo e sistemas neurais da substância cinzenta periaquedutal. Cada tipo de ameaça ativa essas áreas de formas distintas. É um detalhe muito específico, pouco importante para a nossa conversa.

O importante aqui é que, se pensarmos que estamos em risco, sob ameaça, entramos no modo *Clube da luta* do tronco cerebral, e a raiva é nossa preparação para a luta. A parte interessante é que a raiva recebe muitas informações do CPF. Na verdade todas as emoções recebem, óbvio, mas a raiva nos interessa mais porque sua expressão varia muito de cultura para cultura, o que significa que muitas reações à raiva são ensinadas e, portanto, influenciadas pelo CPF. Mas como assim?

Uma cultura de raiva

Por que todo mundo vive irritado?

Você não precisa entrar no YouTube para ver um vídeo de alguém perdendo a cabeça. Basta entrar num supermercado, no estacionamento ou na praça de alimentação de um shopping e prestar atenção durante um tempo para ver alguém soltando os cachorros por bobagem.

Em algum momento, talvez você tenha sido essa pessoa. Ou alguém que você ama. Ou alguém que você só atura por obrigação.

Existem muitas teorias sobre os motivos por trás de toda essa raiva, e todas fazem sentido.

Nós:

- Somos muito distraídos
- Recebemos estímulos o tempo todo, vindos de todos os lados
- Vivemos num formigueiro, tudo está sempre lotado
- Temos um dia a dia sobrecarregado

Quem não perderia a cabeça numa situação dessas?

Mas em muitos outros países que passam pelo mesmo tipo de problema você não vê o alto número de reações raivosas que se vê nos Estados Unidos e na Europa. Uma pesquisadora sueca ficou fascinada com as diferenças culturais e compilou uma revisão de estudos comparando a raiva nos Estados Unidos, no Japão e na Suécia, e suas descobertas foram fascinantes. Ela demonstrou que no Japão, por exemplo, os indivíduos são ensinados de forma bem clara a entender que existe uma diferença enorme entre o que você sente por dentro e como apresenta o que sente ao mundo. E isso é algo que os japoneses aprendem não com as pessoas ao redor, mas na escola.

Ou seja: no Japão você aprende a lidar com as emoções negativas.

Por outro lado, os americanos têm muita dificuldade em explicar emoções desconfortáveis, quando instruídos a fazer isso. Eles costumam descrever as emoções como algo interno, não como coisas que têm consequências em seu comportamento. Mas existe uma exceção interessante: a raiva.

Para alguns americanos, a raiva é uma força positiva de mudança que nos ajuda a superar obstáculos, lidar com o medo e nos tornar mais independentes. Um estudo descobriu que para 40% dos americanos a raiva gera consequências positivas a longo prazo.

Isso significa que nos Estados Unidos a raiva não é apenas aceitável em algum nível, mas geralmente é uma coisa BOA.

E nossas regras e valores culturais acerca da raiva estão nos colocando em sérios problemas.

- "Eu fiquei à beira de um ataque de nervos!"
- "Eu chutei o balde!"
- "Eu estava soltando fogo pelas ventas!"
- "Eu queria matar um!"

- "Fiquei de cabeça quente."
- "Estou com os nervos à flor da pele."

A mensagem subjacente a essas explicações simbólicas é que a raiva está nos controlando – e não nós a ela. Talvez seja por isso que adoramos aqueles filmes em que o Liam Neeson sai matando todo mundo.

Falamos da raiva de uma forma que nos leva a acreditar que ela é válida, está no comando e deve ser posta em prática. Para nós, a raiva exige ação, e nosso trabalho, então, seria agir para aplacá-la. Desde a infância essa raiva não só é permitida como é vista como um jeito legal de lidar com as situações.

Ou seja, a raiva não é sempre ruim ou sempre uma força negativa. Ninguém jamais ganhou direitos iguais pedindo educadamente. E a energia que a raiva nos proporciona pode nos ajudar a dar a resposta apropriada em certas situações.

Se meus filhos estiverem em perigo, minha raiva vai me levar a protegê-los. Mas sentir raiva da caixa de supermercado por fazer sua pausa logo na minha vez na fila provavelmente não é produtivo para ninguém.

O que é a raiva?

A raiva, assim como todas as outras emoções, não é nem boa, nem ruim, nem certa, nem errada.

Ela apenas é o que é.

As emoções são informações concebidas para nos ajudar a tomar decisões que vão nos proteger e nos manter em segurança. Nascem nos lobos temporais mediais do cérebro, mais especificamente na amígdala, a partir das informações que processamos e das memórias de situações passadas.

As emoções positivas são um feedback do tipo "Continue". O cérebro diz: "Sim! Vamos comer todos os biscoitos! Vamos dar um rolê com os amigos! Adoro filmes de comédia! Tudo isso é ótimo, vamos fazer tudo!"

As emoções negativas são o oposto. São o gato encolhido no canto, as orelhas abaixadas, miando num tom ameaçador. "Não! Não quero! Não me sinto bem, seguro ou satisfeito! Pare já com isso!"

A raiva desencadeia a resposta de lutar, fugir ou congelar.

É normal o ser humano sentir muita raiva. Mas não é normal perder a cabeça por isso.

Como digo aos meus pacientes... você pode SER louco, mas não pode AGIR como tal.

Ficar irritado porque alguém roubou a vaga que você estava esperando o carro desocupar?

Totalmente válido.

Surtar por causa disso? Não vai prestar.

Não vai prestar para ninguém ao seu redor, não vai prestar para a sociedade em geral e, por motivos puramente egoístas, não vai prestar para você.

Quando perdemos a cabeça com frequência, acostumamos o cérebro a viver num estado de constante irritação que em algum momento vai nos fazer explodir (afastando, com isso, as pessoas que amamos). Nos programamos para estar sempre em estado de alerta. Assim reagimos com muito mais velocidade do que de costume e enxergamos mais situações como perigosas, hostis ou ameaçadoras. Nossas reações são exageradas.

Nesse estado o cérebro nunca descansa, não recarrega, e começamos a sofrer com diversas outras condições associadas a essa mudança. Juntas, essas condições são conhecidas como *disfunção do sistema nervoso autônomo*. Muitos problemas de saúde comuns (doenças cardíacas, pressão alta, alergias alimentares), bem como muitos problemas de saúde mental comuns (depressão, ansiedade, TEPT), estão relacionados a uma resposta contínua e exagerada.

E com isso voltamos à raiva, o maior dos culpados nessa situação.

Segundo uma conhecida expressão budista, a raiva é como segurar uma brasa com a intenção de atirá-la em alguém e esperar que a pessoa se queime.

A raiva é uma emoção secundária

Sabe o que é REALMENTE complicado quando o assunto é raiva – essa emoção que acreditamos culturalmente nos levar ao sucesso? Ela nem sequer é uma emoção primária.

Eu sei, você está se perguntando agora: e que diabo isso quer dizer?

Quer dizer que, embora a raiva possa ser a primeira emoção que reconhecemos em algum nível em nós mesmos, e uma emoção que nos leva a agir (ou reagir), na verdade ela não é a primeira coisa que você sente em determinada situação. A raiva é uma emoção secundária. Ela é desencadeada por:

- Mágoas
- Expectativas não atendidas
- Necessidades não satisfeitas

Claro, é um pouco mais complicado que isso, pois em geral esses gatilhos não surgem um de cada vez – vêm todos ao mesmo tempo, fazendo uma grande bagunça. Seja como for, da próxima vez que estiver irritado, faça a si mesmo as seguintes perguntas:

1. *Estou magoado?* Aconteceu alguma coisa que me fez sentir inseguro? Desvalorizado? Depreciado? Preterido? Triste? De tudo que me aconteceu de ruim ao longo dos anos, por que *essa* situação é especialmente desagradável? É por causa da pessoa que está fazendo isso comigo? É uma situação específica que me incomoda mais do que outras? É um problema do passado que está voltando? É um daqueles malditos GATILHOS de que as pessoas tanto falam? Você precisa destrinchar esse sentimento, descobrir a verdadeira causa... Por que toda essa mágoa?
2. *Tive expectativas que não foram atendidas?* Meu cérebro estava esperando que certa coisa acontecesse e ela não aconteceu? Mas era uma expectativa realista? (Responda de forma honesta, está bem?) Se a expectativa era realista, o fato de não ter acontecido mudou a sua vida? Vamos supor que alguém ocupou a vaga de estacionamento que você viu primeiro. Certo, essa é uma atitude bem babaca. Você tinha a expectativa razoável de que o outro motorista seguisse o protocolo de direção civilizada? Claro que sim. Do contrário, estaríamos perto da barbárie! As pessoas precisam seguir algumas regras! Mas isso mudou a sua vida? Não muito. Você vai encontrar outra vaga (em algum momento) e estacionar (em algum momento também). A partir daí, siga em frente com a sua vida. Destrinche a expectativa não atendida. Para começar, era uma expectativa razoável? O mundo acabou porque ela não se realizou? Algumas coisas são sérias de verdade, outras, não. Seja honesto com você mesmo. Vale a pena surtar por causa dessa expectativa não realizada?
3. *Tive necessidades que não foram satisfeitas?* É uma pergunta difícil, porque como você define o que é uma necessidade? Se você é budista, por exemplo, pode achar que necessida-

des não existem. Num nível existencial, você tem toda a razão. Mas, no fisiológico, o cérebro está programado para manter você com vida. Se alguma coisa ameaça o senso de equilíbrio do cérebro, sua amígdala é inundada por hormônios que vão estimulá-lo a REAGIR.

Certas coisas vão desencadear essa resposta de luta mais que outras. Uma dessas coisas é o perigo iminente. Precisamos nos sentir seguros. Precisamos sentir que nossos entes queridos estão seguros. Se o seu cérebro percebe uma ameaça a você, sua família, seu cachorro, então é hora de AGIR. Proteja o que é importante para você! Fique FURIOSO!

Existem outros tipos de necessidade de segurança que não podemos descartar. Os seres humanos são programados para ter relacionamentos. Precisamos de relacionamentos estáveis para estarmos bem. O cérebro sabe disso, mesmo quando a sociedade diz: "Você não precisa de ninguém além de VOCÊ MESMO!" Isso é bobagem. Vivemos em comunidade não porque gostamos dessa multidão ao nosso redor, mas porque precisamos dela para sobreviver. E com essa necessidade vem a necessidade de segurança emocional. Precisamos nos sentir seguros e apoiados em nossos relacionamentos. Precisamos ter uma boa ideia do que esperar pela frente. Precisamos nos sentir amados. Isso vai muito além de um babaca que rouba nossa vaga. Trata-se da necessidade humana fundamental de nos sentirmos apoiados por outras pessoas. Precisamos saber que estamos em segurança com as pessoas que amamos, que elas também nos amam e não vão nos machucar – pelo menos não intencionalmente.

Precisamos sair dos becos escuros às duas da manhã. Precisamos fugir do motorista agressivo cortando todo mundo na estrada. Mas também precisamos de uma comunidade de pessoas que nos amem e nos façam sentir seguros.

A raiva que mais nos afeta é aquela causada por essa quebra de contrato. Quando a pessoa com quem mais precisávamos nos sentir seguros faz algo que põe essa segurança em risco.

Tenho certeza de que você entendeu por que utilizo esse modelo de compreensão da raiva. Ele me ajuda a compreender muitas das situações que vivemos no dia a dia.

Saber de onde vem a raiva é muito mais do que metade do caminho para vencer a batalha – é perto de 90% do caminho.

Quantas vezes você teve um momento em que reconheceu o motivo de se sentir de certa maneira, e quando isso aconteceu o sentimento simplesmente... foi embora?

Mas ainda falta percorrer os outros 10%.

Essa é a parte complicada – administrar esses problemas é um inferno.

Mas, como falamos, lidar com a raiva é como lidar com qualquer outra informação que precisamos levar em conta para resolver uma situação. Ela não é inerentemente boa ou ruim e não precisa ser a força motriz por trás das nossas decisões.

TOME UMA ATITUDE: DE ONDE VEM SUA RAIVA?

Quando foi a última vez que você ficou com raiva? Quando não estiver em perigo real e iminente, e depois de se perguntar se está magoado ou teve necessidades ou expectativas não atendidas, responda às seguintes questões:

1. Quais são as raízes da sua raiva? Após descobri-las, você acha que elas são legítimas ou têm mais a ver com você e a sua história do que com a situação em

si? Caso não tenha certeza, reflita sobre quando você percebeu pela primeira vez que estava com raiva. O que estava acontecendo ao seu redor? O que viu? O que sentiu? O que ouviu? Quem estava perto? O que você estava fazendo? O que os outros estavam fazendo? O que você estava pensando? Tem alguma lembrança em particular do momento?

2. Se as raízes da raiva são legítimas, pergunte-se: elas precisam ser tratadas ou são uma daquelas bobagens do dia a dia que simplesmente acontecem, como uma multa por excesso de velocidade, um pedido de drive-thru que veio errado, etc.?

3. Se a raiva precisa ser tratada, qual é a melhor maneira de fazer isso? Como corrigir a situação da maneira menos disruptiva possível? O que fazer para não se machucar ainda mais no processo (física, emocional ou mentalmente)? Você pode evitar que os outros se machuquem física, mental ou emocionalmente? Esse assunto precisa ser resolvido agora ou pode esperar até que você se sinta mais calmo e seguro? Tem alguém com quem você possa conversar e que olhe de uma forma mais saudável e solidária para a sua situação? Pode ser seu terapeuta, um amigo, um mentor, um parente. Precisa ser alguém que conhece você bem, que te ama e que vai criticá-lo, se necessário.

4. Depois de agir (em vez de reagir), avalie os resultados. Funcionou? Você pode usar essa estratégia novamente no futuro? Continua com raiva ou está se sentindo melhor e mais seguro agora?

8

Vício

Vamos começar com uma verdade universal logo de cara.

Praticamente todo mundo é viciado em alguma coisa em algum momento da vida.

Sim, muito provavelmente você se encaixa nisso. Eu, com certeza. Se você pegou este livro com a intenção de ajudar alguém que ama, uma das primeiras coisas que pode fazer é reconhecer suas dificuldades com algum tipo de vício.

É, sei que parece uma coisa muito idiota de dizer. Mas siga em frente na leitura, tudo vai fazer sentido.

A grafia do termo em inglês para "viciado" – "*addict*" – permanece inalterada desde seu primeiro uso em meados do século XVI. Era usada para descrever alguém que era comprometido ou devotado. Ainda vale hoje, né?

O vício foi originalmente definido pelos primeiros profissionais da área da saúde mental (Freud e seus contemporâneos) e pelos primeiros programas de recuperação (Alcoólicos Anônimos e afins) com base no que eles viam, ouviam e eram capazes de medir na época. O consenso era de que o vício era uma função do desejo somado ao uso compulsivo.

Era um modelo simples, que não abrangia tudo que o vício pode ser – sobretudo à luz das pesquisas mais recentes em neurociência –, mas foi nosso primeiro passo no tratamento das várias formas de adição.

Embora mesmo hoje não tenhamos um entendimento completo do vício, agora sabemos que ele é MUITO mais do que desejo somado a uso compulsivo. A neurobiologia do vício é extremamente complicada, ainda que cada vez mais pesquisas estejam começando a nos proporcionar percepções diferentes das que tínhamos no passado. Sabemos que os vícios em substâncias geram muito prazer no cérebro, embora em níveis diferentes para cada indivíduo. Isso ajuda a explicar por que algumas pessoas são mais propensas a esse tipo de vício, enquanto outras se sentem horríveis ao usar as mesmas substâncias. Também sabemos que a expectativa de usar a substância pode desencadear diversos sinais de dopamina no cérebro, o que explica os comportamentos compulsivos mesmo quando a pessoa não está usando uma substância que altera seu estado mental.

Em seu livro *In the Realm of Hungry Ghosts* (No reino dos fantasmas famintos), Gabor Maté nos ofereceu a seguinte definição de vício, que tenho usado desde que a li, até mesmo na minha dissertação de mestrado: "Vício é qualquer comportamento repetido, relacionado ou não a substâncias, no qual uma pessoa se sente compelida a persistir nele, independentemente do impacto negativo que isso tenha em sua vida e na vida de outras pessoas."

O vício abrange

1. um envolvimento compulsivo com o comportamento, uma preocupação com ele;
2. descontrole sobre o comportamento;
3. reincidências ou recaídas apesar das evidências de danos;
4. insatisfação, irritabilidade ou desejo intenso quando o objeto – seja uma droga, uma atividade ou outra coisa – não se encontra imediatamente disponível.

Alguns vícios são claros: as cicatrizes de agulhada no braço, feitas ao longo dos anos; a perda da casa e do carro por dívidas de jogo, levando a pessoa a ter que se esconder de agiotas perigosos.

Alguns vícios são mais brandos, ou seja, o indivíduo tem menos dificuldade de se manter funcional. É o caso daquela pessoa que devora um saco inteiro de batatas chips ou fatias e fatias de bolo depois de um dia difícil; ou da pessoa que vai ao shopping e compra o oitavo par de sandálias pretas que nunca vai usar.

Existem vícios que nos afastam completamente da sociedade, outros que praticamente nos impedem de continuar nela e outros ainda que se tornam uma barreira entre nós e o resto do mundo. No fim, é tudo questão de grau.

Como definir quando entramos no território do vício? Como terapeuta com especialização em relacionamentos, minha resposta é simples: *quando o vício se torna nosso relacionamento principal*. Talvez não em nosso coração e nossa cabeça, mas em nossos comportamentos. Quando não temos controle sobre o vício, gastamos tempo, recursos e energia com ele, e não com as pessoas que amamos e com *nós mesmos*.

De onde vêm os vícios

De onde vêm os vícios? E por que estou dizendo que praticamente todo mundo tem algum tipo de vício?

Quando nos envolvemos num vício a ponto de ele prevalecer sobre nossos relacionamentos com as pessoas, isso é um problema. Nesse caso, ele é um mecanismo de enfrentamento que não está mais nos acalmando, mas nos controlando por completo.

Em geral os viciados são os indivíduos mais sensíveis, mais empáticos, que percebem desde cedo o que há de obscuro, oculto e corrompido na sociedade. Desde cedo aprendemos que podemos ser punidos por apontar esses problemas. Os adultos dizem que bons meninos e boas meninas não devem perceber essas coisas, e quando percebem NUNCA devem falar sobre o assunto. Então começamos a assumir a responsabilidade por esse monte de problemas. Nós os engolimos, mas depois são eles que começam a nos devorar vivos. Passamos a achar que tudo deve ser culpa nossa, que não somos pessoas boas, que relacionamentos não são seguros, que a única maneira de levar a vida é nos adaptando.

Se você sofreu um trauma ou uma mágoa tão forte a ponto de deixar de confiar no mundo, é muito, muito, muito mais provável que seja suscetível a comportamentos viciantes.

Em algum momento da vida, a maioria das pessoas usa algo que as ajuda a se sentir melhor. Nesses momentos desejamos algo que não estamos recebendo, então começamos a suprir essa necessidade com outras coisas. Substâncias, comportamentos, atividades, o que for – e o que escolhermos provavelmente vai ajudar por um tempo, vai amenizar a "fome" que estamos sentindo e nos ajudar a esquecer do que realmente precisamos.

Mas a realidade é que os vícios são habilidades de enfrentamento que deram errado.

Existe uma margem enorme, cinzenta e difusa entre o enfrentamento saudável e o vício. É uma área abrangente e confusa em que começamos a perder a capacidade de lidar com as situações, e a estratégia de enfrentamento que usamos – seja uma substância, uma atividade ou um comportamento – começa a assumir o controle sobre a nossa vida.

As habilidades de enfrentamento nos ajudam a manter os pés no chão e superar os momentos difíceis. O objetivo delas não é substituir a realidade ou nossos relacionamentos reais. Assim, quando não conseguimos estar com as pessoas que amamos ou nos sentir totalmente seguros de nós mesmos, quer dizer que tudo que usamos para nos ajudar está funcionando como um vício.

Como nos curamos

Existem duas categorias básicas de tratamento contra o vício. O modelo tradicional de tratamento da dependência é baseado na abstinência total. Ou seja, você não pode se envolver com o vício de forma alguma, esse é o único jeito de se curar. O outro modelo é o de redução de danos. Esse método é mais uma negociação com o vício, uma busca por formas de minimizar o estrago. Vamos falar sobre como alguns desses tratamentos podem funcionar na prática.

Tratamento baseado na abstinência

Eu cresci dentro do Alcoólicos Anônimos. Meu pai está em recuperação, então passamos muito tempo em reuniões, eventos e conferências do AA – minha casa vivia cheia de pessoas se esforçando para continuar sóbrias. O AA era único quando foi criado, há cerca de 80 anos. A ideia é que pessoas com experiência de vida e superação compartilhem seu apoio e ajudem outras a encontrar sua própria sobriedade. Você se entrega a um poder superior, seja lá qual for esse poder para você. Muitas pessoas que não se dão bem com estruturas religiosas se sentem desconfortáveis nesse ponto. E em alguns grupos surgiram outros elementos prescritivos que acabam sendo igualmente excludentes. Por exemplo, muitos grupos acreditam que para estar sóbrio não se pode ter qualquer contato com nada que altere a mente, e isso inclui medicamentos de combate a transtornos de saúde mental.

É uma pena, porque o modelo do AA também pode ser fundamental para a cura. Para algumas pessoas, o poder superior pode ser apenas a comunidade a seu redor – ter relacionamentos saudáveis, estar em sintonia consigo mesmo. Não precisa ser um Deus onipotente. E você não deveria ter que parar de tomar os remédios que o mantêm são para abandonar os vícios que o colocaram no caminho da loucura.

Hoje existem muitos grupos que respeitam as diferenças de crença: o próprio AA, o Narcóticos Anônimos, o Comedores Compulsivos Anônimos ou qualquer outro programa com modelo de 12 passos. Hoje em dia existem reuniões on-line na maioria dos grupos de apoio ao redor do mundo. Se for o seu caso, também vale perguntar ao grupo do qual você quer fazer parte se existem encontros com foco em recortes populacionais que podem não se sentir à vontade em reuniões gerais, como é o caso do Lambda AA, que foi criado para LGBTQIA+ em recuperação, e o movimento Wellbriety, com foco nas necessidades específicas dos indígenas – ambos nos Estados Unidos.

Existem outras estratégias fora do modelo tradicional de 12 passos que também são baseadas na abstinência. Esses programas se concentram em pesquisas mais recentes sobre como tornar a sobriedade algo efetivo. Em geral, eles têm foco na autoeficácia/ no lócus de controle interno em vez da parte relacional/do apoio de poder superior.

Estou simplificando para facilitar a explicação, mas o que quero dizer é que existem opções para uma vida sóbria fora do modelo de 12 passos. E essa variedade de opções significa que você tem mais chance de encontrar algo que faça sentido para si.

Redução de danos

Há dois casos em que o tratamento de redução de danos é a melhor aposta:

1. Quando é o que você TEM que fazer.
2. Quando é o que você QUER fazer.

É possível abandonar de vez alguns vícios e alcançar a recuperação por meio da abstinência total – afinal, dá para viver sem tomar uma gota de bebida alcoólica ou comprar um bilhete de loteria.

Mas há vícios que são impossíveis de combater praticando a abstinência. Vício em comida? Precisamos comer todos os dias. A maioria dos viciados em trabalho não é tão rica e independente que possa simplesmente largar o emprego e, em vez disso, meditar em prol da recuperação.

Vício em sexo? Claro que a abstinência é uma estratégia de tratamento, mas nunca trabalhei com um paciente que alguma vez já tenha pensado em abrir mão de vez do sexo. E, considerando que a maioria deles tinha parceiros de longa data, os parceiros também não concordariam.

Além de tudo, algumas pessoas NÃO QUEREM abandonar de vez a substância ou o comportamento que é a fonte de seu vício. Por exemplo, um viciado em sexo pode querer continuar fazendo sexo de forma consciente sem que esse comportamento assuma o controle de sua vida. Ou pode querer usar determinada substância de forma controlada em vez de permitir que o excesso afete sua vida de forma negativa.

E, sim, eu entendo. Mas alguns vícios são tão perigosos que a abstinência provavelmente é a única saída para salvar a sua vida. O crack, por exemplo: não dá para tentar usar com moderação.

Mas a maioria dos programas de recuperação com foco na

abstinência não permite uma desintoxicação voltada para a redução de danos – ou o uso de substâncias menos nocivas para mitigar os efeitos da abstinência das mais prejudiciais. Por exemplo, tem havido um enorme debate em torno do uso do analgésico opioide metadona (legal) e da maconha (legal sob algumas condições com fins medicinais) para ajudar na recuperação de drogas pesadas.

Algumas substâncias exigem desintoxicação clínica (álcool e heroína são as mais importantes) para evitar complicações graves ou até mesmo a morte. Claro que desintoxicação não é o mesmo que tratamento e recuperação de dependência – o foco da desintoxicação é fazer você passar pela parte perigosa (do ponto de vista médico) de se livrar do veneno no corpo para que em seguida possa passar pelos estágios de tratamento e recuperação.

Claro que é difícil se desintoxicar de certas substâncias, mesmo que elas não envolvam risco médico. Qualquer viciado em cafeína sabe como é ruim ficar sem um cafezinho.

A desintoxicação pura e simples (seja a desintoxicação clínica por internação ou simplesmente se acorrentar à cama e ficar longe da cafeteira) pode ser uma enorme barreira para muita gente. Embora existam cada vez mais programas médicos gratuitos, eles nem sempre compensam, porque exigem do paciente mais do que ele é capaz de dar.

Por essas e outras razões, muita gente vem optando pelo tratamento de redução de danos.

No Estados Unidos existem programas formais de abrangência nacional, como o Moderation Management. E muitos profissionais de tratamento usam uma ampla gama de estratégias de redução de danos em sua prática, como parte da terapia. Sim, eu faço parte desse grupo.

Você não precisa estar totalmente abstinente antes de mergulhar nas suas questões emocionais. Para mim, o comportamento compulsivo é uma forma de as pessoas administrarem seus traumas, e é preciso trabalhar no trauma subjacente para encontrar outras maneiras de lidar com ele antes de tirar de você essa habilidade de enfrentamento – o comportamento em si. É muito difícil tratar um vício quando ele é a nossa mais importante habilidade de enfrentamento.

Liberte-se do vício

A seguir explico como faço para tratar pacientes com vícios.

Não estou mais certa ou mais errada que ninguém, mas venho fazendo esse trabalho há muito tempo e encontrei formas de estimular a recuperação que funcionam melhor para as pessoas que atendo e para minha visão de mundo/meu estilo de tratamento.

Qualquer um que diga que conhece a MELHOR maneira de tratar um vício é um mentiroso. Eu nunca faria uma afirmação dessas. Portanto, aceite minhas sugestões pelo que são – sugestões. Pegue o que funcionar para você e descarte o resto.

1. *Considere que o vício funciona como um relacionamento de substituição na sua vida.*
   O vício surge quando começa a substituir nossos relacionamentos autênticos com as pessoas ao nosso redor e com nós mesmos. Passamos a servir à substância ou ao comportamento compulsivo, que deixa de ser apenas um elemento da nossa vida para se tornar a coisa mais importante dela. A recuperação da dependência passa pelo reconhecimento disso. Talvez você não sinta que tem um relacionamento que valha a pena salvar. Talvez nem pense que vale a pena SE salvar. Eu discordo, mas não depende de mim. O que sugiro é que você se abra para a possibilidade de

que existem bons relacionamentos por aí. E seu vício atual é uma porcaria que nunca vai te amar do jeito que você merece. Enquanto estiver convivendo com seu vício, reflita sobre quais necessidades suas estão sendo atendidas e se essa é realmente a maneira ideal de lidar com elas. Quando nos conscientizamos do nosso envolvimento com o vício e nos lembramos de que estamos escolhendo o vício em detrimento de nós mesmos e dos outros, fica cada vez mais difícil continuar escolhendo-o. Não ceda ao vício sem atentar ao que está fazendo exatamente. Quando você faz esse controle de forma deliberada, reduz a probabilidade de prejudicar a si mesmo e as pessoas que ama.

2. *Você está no comando de si. De verdade. Mesmo que não tenha essa sensação. Mesmo que nunca tenha tido essa sensação.*
Em última análise, você vence o vício porque *esse é o seu desejo*. Você muda porque quer ser melhor, porque quer que seus relacionamentos sejam melhores. Mesmo que seja obrigado a tratar o vício, você só vai permanecer sóbrio se de fato quiser, certo? Não importa o que as pessoas mandem você fazer, você vai fazer se quiser. Lembre-se disso quando sentir que está se rebelando. O que VOCÊ quer para si? O que está fazendo ajuda você a alcançar esse objetivo?

3. *É muito mais fácil COMEÇAR a fazer algo novo do que PARAR de fazer algo velho.*
Muitos médicos excelentes têm medo de atender pessoas com vícios porque acham que a ideia central é fazer com que elas parem de fazer algo. Eu faço o inverso – meu foco é fazer a pessoa manter comportamentos mais saudáveis e construir relacionamentos melhores em vez de focar no

vício. Posso perguntar ao paciente sobre sua história e/ou seus comportamentos relacionados ao vício, mas em geral não me concentro no vício em si. Quando você constrói um eu mais saudável, o vício geralmente perde força como habilidade de enfrentamento. Recentemente me perguntaram: "Com que frequência a terapia consiste apenas em fazer as pessoas fazerem coisas novas?" E a resposta é: o tempo todo! Você não precisa virar o Sr. Saúde de uma hora para outra, mas será que pode todo dia incorporar uma coisinha ao seu cotidiano que faça você se sentir melhor, e não pior? E prestar atenção em como se sente ao fazer essa coisa nova em vez do comportamento compulsivo?

4. *Lembre-se de que a sobriedade e a recuperação são espectros.* Você pode escolher o melhor ponto para si mesmo nesse espectro e escolher quando mudar. Pratique a abstinência se isso fizer sentido para você. Faça redução gradual e redução de danos se isso funciona melhor. Parte de sua jornada é descobrir quem você é e quem pode ser em relação ao seu vício. Atendi pacientes que rapidamente perceberam que, se jogassem uma partida de pôquer, em um mês estariam usando heroína. Apenas a abstinência completa os mantinha em segurança. Também atendi pacientes que usaram a maconha para reduzir o uso de drogas pesadas. Depois alguns largaram a maconha também (no estado do Texas, onde moro, a maconha ainda é ilegal, então o uso trazia algum risco jurídico inerente) e outros continuaram a usar maconha em vez de outras drogas por anos, sem ter qualquer recaída. Você é responsável por todas as consequências – inclusive as legais – de seus comportamentos. Por exemplo, se você for obrigado a fazer um exame toxicológico e for pego, não pode culpar este livro.

5. *Pare de palhaçada.*
Com você mesmo, com os outros. Pare de tentar convencer a si mesmo e os outros de que está tomando boas decisões quando sabe muito bem que não está. Tudo bem, você não teve muito controle sobre sua vida até aqui, mas é hora de recuperá-lo. Assuma sua responsabilidade. Se está viciado em algo, assuma e seja honesto. Não culpe ninguém. Lembre-se de que seu envolvimento com o vício é uma escolha que você está fazendo. Conscientize-se disso. Em vez de dizer a si mesmo "Meu parceiro terminou comigo, então estou usando drogas por culpa dele, porque simplesmente não consigo lidar com tudo isso", tente "Meu parceiro terminou comigo e isso trouxe à tona todo o abandono que sinto. Estou escolhendo usar drogas porque é a habilidade de enfrentamento que funcionou melhor para mim, e tentar algo novo me parece difícil". Quando você se conscientiza da sua responsabilidade no vício, reduz a chance de fazer mal a si mesmo.

6. *Descubra seus gatilhos.*
Se você fechar os olhos com força, vai continuar se deparando com os problemas. Mantenha os olhos abertos e observe o terreno, para começar a desenhar um mapa. Quando se pegar praticando seu vício, refaça os passos que o levaram a isso. No tratamento de dependências sempre vale a pena se perguntar: Estou com fome? Irritado? Solitário? Cansado? Quando você se conscientiza dos gatilhos e se responsabiliza pelas suas ações, fica cada vez mais difícil permanecer no caminho do vício.

7. *Perdoe-se pelas bobagens que fez.*
Você faz besteira. Eu também. Todo ser humano faz. Tenha

autocompaixão. A autocompaixão é o oposto da autoestima. É o seu interior, e não seus sucessos e fracassos externos. Na autocompaixão, você se perdoa pelos fracassos e tropeços. E não, isso não significa que pode ser um babaca com os outros. Segundo os estudos, quando você está ciente da sua fragilidade humana e se cuida nos momentos em que se sente mais frágil e desequilibrado, assume *mais* responsabilidade pelas suas ações. Kristin Neff escreveu um livro incrível sobre esse assunto, chamado *Autocompaixão*. Leia. Ele mudou a minha vida.

8. *E perdoe o que fizeram com você.*
Eu te entendo. Aconteceu uma coisa horrível com você. Horrível de verdade. E elas vão continuar acontecendo. Às vezes as pessoas são totalmente sem noção. Mas o foco do perdão não está nas outras pessoas, e sim em quanto peso você quer carregar nas costas – e imagino que não queira carregar muito. Perdoar não é permitir que o outro continue com o mesmo comportamento. Ao perdoar, você estabelece limites para se proteger melhor no futuro. E abre a porta para conversas mais autênticas com as pessoas ao seu redor em vez de continuar falando apenas com os seus demônios.

9. *Tenha em mente que você é imperfeito, porque é humano.*
Dê o melhor de si. Mas saiba que você vai errar. Pode até ter uma recaída. E quer saber? Ou nós vencemos ou nós aprendemos. Portanto, enxergue os erros que cometeu como uma forma de aprender quem você é. O que você fez de diferente dessa vez? O que pode aprender a partir dessa experiência e fazer diferente da próxima vez? Assumir seus erros com todas as letras é sinal de muita coragem. E você é uma pessoa corajosa!

TOME UMA ATITUDE: QUANDO VOCÊ PODE DIZER SIM?

O vício costuma ser tratado como falta de força de vontade. Nancy Reagan, ex-primeira-dama dos Estados Unidos, nos disse que era muito simples: basta dizer NÃO.

A partir daí surge um diálogo interno. Por que às vezes não conseguimos simplesmente dizer não? Isso nos leva a uma espiral de vergonha e trava nossa capacidade de sentir autocompaixão.

Se os vícios estão substituindo outros relacionamentos, é nesse ponto que devemos dar nossos primeiros passos para a cura.

Então sente-se e faça uma lista:

Para que coisas você pode dizer "sim"?

Não como um substituto para o seu vício. Afinal, a vida não é um jogo de soma zero. E não é fácil ser obrigado a desistir daquilo que mais o ajudou no passado. Sei que esse é o seu objetivo, mas não precisamos começar por aí se você não se sentir pronto.

Então diga "sim" para algo novo. Algo que você costumava amar, porém não faz mais. Ou algo que sempre quis tentar fazer.

Expanda os limites da sua vida acrescentando algo. E, ao fazer isso, pergunte-se: o que aconteceu? Que mudanças ocorreram? Do que eu mais preciso agora? Do que não preciso mais?

9

Depressão

Depressão é uma daquelas palavras que usamos tão indiscriminadamente que perdeu o significado. Eu mesma faço isso, e aposto que você também. Falei que estava *deprimida* quando o mercado que adoro parou de vender meus biscoitos de gengibre favoritos, embora *chateada pra caramba* fosse uma descrição muito mais precisa do meu estado de espírito.

A depressão não é o que você sente quando vê seu time perder na final, quando perde seu relógio favorito, é demitido ou termina um relacionamento. É verdade que tudo isso é um saco, mas são perdas que, em sua essência, causam níveis compreensíveis de luto (que, aliás, é o tema do próximo capítulo). O luto e a perda podem ser traumáticos e levar à depressão. Mas, quando temos espaço e tempo adequados para a cura, conseguimos superar. A depressão, por outro lado, é um problema muito mais traiçoeiro. E às vezes não tem qualquer relação com uma perda identificável.

Assim como a ansiedade, a depressão está relacionada à bioquímica do estresse. *A ansiedade é uma reação bioquímica exagerada aos hormônios do estresse.* É o corpo tentando entrar no modo sobrevivência para se proteger, se baseando naquilo que acredita ser verdade.

A depressão é a forma do corpo de dizer que *nada do que eu faço vai adiantar, tudo é uma droga, não importa o que aconteça*. É uma resposta bioquímica de desamparo aprendido ao estresse.

A depressão é a forma do corpo de dizer que, *se nada do que eu faço faz diferença, então não há por que gostar de NADA*. Robert Sapolsky define a depressão como "um distúrbio genético-neuroquímico que requer um forte gatilho ambiental e cuja manifestação característica é a incapacidade de apreciar o pôr do sol".

Em seu livro *Tribe*, Sebastian Junger trata da depressão em relação à raiva, afirmando que a depressão nasce da resposta luta-fuga-congelamento. Segundo ele, se a raiva prepara o indivíduo para a luta, a depressão é a maneira de o cérebro se esconder, passar despercebido, se manter pouco ativo, não fazer nada que o coloque em mais perigo.

Depressão não é o mesmo que tristeza, luto, enfrentamento de trauma ou de perdas. A depressão é o afastamento completo de tudo aquilo que torna a vida humana uma experiência alegre. O maior e mais consistente sintoma da depressão é a *anedonia*, forma rebuscada de dizer "incapacidade de sentir prazer". Analisando a palavra você verá que significa, essencialmente, *não hedonismo*. Se você luta contra a depressão, tem todo tipo de sentimento ruim: culpa, vergonha, raiva, irritação, desesperança, luto avassalador. Mas raramente tem experiências de prazer, gratidão, conexão e alegria. E quando tenta ter quase nunca consegue. A depressão rouba tudo de mais maravilhoso que faz a vida valer a pena.

A palavra *depressão* vem do latim *deprimere*, que significa "pressionar para baixo". A depressão funciona literalmente como uma âncora num lamaçal. Para chegar a um diagnóstico de transtorno depressivo é preciso que a anedonia esteja presente no indivíduo todos os dias ao longo de pelo menos duas semanas. Outros sintomas também muito comuns são:

- Falta de energia/fadiga
- Dor crônica leve
- Dificuldade de concentração, dificuldade de tomar decisões
- Sensação de culpa e/ou inutilidade
- Dormir de mais ou de menos (ou não dormir nada ou dormir mal)
- Sentir-se superinquieto ou muito lento (como tentar andar debaixo d'água ou como se houvesse uma camada de algodão em volta do cérebro)
- Pensamentos intrusivos de morte (ideação mórbida) ou suicídio (ideação suicida)
- Mudança nos hábitos alimentares (e ganho ou perda de pelo menos 5% do peso)
- Irritabilidade, raiva, baixa tolerância ao sofrimento

E como a pessoa melhora, então?

A má notícia é que não existe um caminho mágico para curar a depressão. Mas, ao mesmo tempo, essa é a boa notícia. Significa que você pode encontrar o caminho que funciona melhor para si. E que se dane quem disser que você não está alcançando a cura da forma correta, porque não existe resposta certa para quais tratamentos você deve procurar. O importante é estar ciente das muitas opções disponíveis, sobretudo quando tentam impor uma visão de mundo ao seu tratamento.

Só mais recentemente os profissionais de saúde mental começaram a incorporar os cuidados com o trauma. Se depressão é predisposição + gatilho, não faria sentido olhar para alguns dos possíveis gatilhos? Sei que já falamos disso, mas vale lembrar.

Uma pequena parte da nossa genética é imutável. De 2% a 5% de TODAS as doenças estão relacionados a um único gene defeituoso. Por outro lado, MUITAS doenças estão à espreita no nosso DNA e podem ser ativadas pelas condições propícias. O termo sofisticado para isso é *epigenética*.

Epa, peraí, doutora. Isso significa que a minha depressão foi ativada mas pode ser desativada?

Minha resposta chata de terapeuta é: *É difícil, mas quem sabe.*

Se você sabe, ou pelo menos tem uma forte suspeita, que seu transtorno de humor tem sua raiz principal em um trauma, então faz todo o sentido tratar o trauma junto com os outros sintomas.

Calma aí: isso significa que talvez eu não tenha que tomar remédios para sempre? Que talvez eu não passe isso para os meus filhos? Que talvez eu não continue piorando ano após ano, como tem sido até hoje?

Novamente, minha resposta é *Quem sabe*. Queria eu conhecer o funcionamento exato dessas questões. O que posso lhe dizer é que as pessoas tendem a lidar melhor com seus transtornos de humor quando lidam com o trauma. Elas passam a enfrentar os gatilhos presentes e futuros muito melhor. Às vezes quase não são afetadas por eles. No mínimo, sabem dizer "O bicho está pegando, preciso de uma ajuda de Buda agora mesmo". Se elas estão tomando medicamentos, em geral conseguem reduzir a dosagem ou pelo menos encontrar maneiras de não ter que aumentá-la ano após ano, como antes.

E sim, já vi casos de remissão completa dos sintomas várias vezes. É possível.

As pessoas também não precisam perpetuar inconscientemente os ciclos de trauma em seus próprios filhos. Podem ensinar a eles as habilidades de enfrentamento saudáveis que aprenderam. (Um ótimo livro para isso: *Trauma-Proofing Your Kids* [Poupando seus filhos do trauma], de Peter Levine.) E, se seus filhos também tiverem essas mesmas dificuldades, saberão pedir ajuda quanto antes. E essas pessoas não vão permitir que seus filhos sofram do jeito que elas próprias sofreram.

Sei que esse é outro daqueles assuntos difíceis. É difícil ficar alegre ao lidar com uma doença que devora as pessoas. Mas, assim como ocorre com tudo que vimos até aqui, eu realmente acredito que entender as raízes bioquímicas do problema é fundamental para nos sentirmos menos encurralados. Sua depressão não define você. Você não é fraco e não fez nada de errado. Você não merecia isso. Você não está sendo punido. Você entrou na tempestade perfeita de genética + gatilho e agora está paralisado, sem saber para onde ir e como melhorar.

As pessoas que lutam contra a depressão (ou contra qualquer outro distúrbio mental) são TUDO, menos loucas.

Elas são sobreviventes, combatendo a química cerebral, que entra em conflito com tudo aquilo que a vida tem de bom. As pessoas que vivem isso e dizem "Dane-se, depressão, hoje você não vai vencer" são as mais corajosas que conheço.

Continue lutando.

ATIVIDADE: O QUE EU QUERO DE VOLTA

A diferença fundamental entre a depressão e a tristeza é quanto a depressão rouba de nós quando ataca. É como uma força policial que não pune só os comportamentos, mas também os crimes de pensamento. A depressão tira nossa vida e nossa *vontade* de viver.

Você já viveu isso? Está vivendo agora?

Eu adoraria que neste momento você pegasse o telefone e começasse a pedir ajuda. Ajuda de familiares e amigos, de profissionais. Mas sei como é difícil fazer essa ligação... e como é difícil realmente obter a ajuda que você tanto deseja. É uma sensação opressora.

Mas, se você está lendo este livro e chegou até aqui, também sei que é nesta direção que está indo. Está começando a vislumbrar um pensamento do tipo: "Que se dane essa droga de depressão, eu quero a minha vida de volta!"

O que você mais quer de volta? De tudo aquilo que faz a vida valer a pena e que a depressão roubou de você, do que você mais sente falta? Pode não ser a coisa mais importante do mundo, tudo bem. Na verdade, é ótimo, porque nesse caso é mais fácil lutar para recuperar o que você mais deseja.

Você não precisa fazer nada agora, a menos que queira. A intenção deste exercício é começar com o *crime de pensamento* que a depressão o proíbe de cometer. O pensamento de que você pode e merece mais. O pensamento de que existe um mundo lá fora que também é seu e do qual você tem o direito de desfrutar.

Vamos começar por aí. Anote esses pensamentos. Lembre-se desse mundo. Este é o começo da sua nova história.

10

A importância de viver o luto

Lembra de quando falamos sobre a linha do tempo de recuperação do trauma? Embora não exista um tempo milagroso e específico para a cura, pesquisadores descobriram que 90 dias é o prazo mínimo para restabelecermos o equilíbrio. E os primeiros 30 dias são a parte mais frágil e importante desse processo. Quando algo interrompe essa experiência, é muito mais provável que passemos a experimentar sintomas duradouros de trauma, que podem se parecer com depressão, ansiedade ou qualquer outro transtorno mental.

Ter espaço para elaborar o luto, para lamentar, é fundamental se quisermos evitar uma resposta ao trauma no futuro. Luto pelo que te machucou. Luto pelo que você perdeu. Luto pela vida que você amava e não é mais a mesma. Aqui me refiro a luto não apenas como o sentimento de profunda tristeza pela morte de alguém, mas como a amargura, a angústia que nasce de outras causas.

O luto pode vir com a perda de um emprego, de um relacionamento (por qualquer meio, não apenas a morte) ou a perda de um estilo de vida que conhecemos e almejamos. Às vezes sentimos luto até por mudanças felizes. Casar pode ser uma coisa incrível, mas a perda dos nossos dias de solteirice também é em alguma medida triste. Todo mundo quer ser adulto, até o momento em que lamentamos a perda da liberdade e da possibilidade de transferir as decisões para outra pessoa, algo típico da infância.

Transtornos mentais como depressão e ansiedade têm fortes predisposições genéticas, mas pesquisas também mostram que é preciso haver um evento desencadeante para que eles surjam. O luto não resolvido em geral age exatamente como esse gatilho. A falta de espaço para se curar pode criar mudanças bioquímicas no cérebro.

Por outro lado, nunca é tarde demais para se resolver. Não importa se já se passaram 30 dias ou 30 anos. Para muitas pessoas, a cura de uma resposta ao trauma estabelecida pode ser voltar no tempo e elaborar o luto que não pôde ser elaborado no momento ideal. O luto assusta, seja nosso ou de outra pessoa. É como se jogar num poço escuro e sem fundo.

Quando não nos permitimos ou não recebemos permissão para viver a dor da perda, muitas vezes isso leva a um nível de luto não resolvido tão alto que se transforma em transtorno mental. Vamos tentar evitar isso e nos concentrar em viver o sofrimento.

O primeiro passo é a forma como falamos sobre isso, como apoiamos outras pessoas que estão sofrendo e como garantimos o apoio de que precisamos para o nosso processo de cura. O luto é o processo fundamental de desapego. Em seu livro *How Can I Help?* (Como posso ajudar?), June Cerza Kolf apresenta uma estatística: o maior medo do ser humano é o do abandono. Em seu livro *A anatomia de um luto*, C. S. Lewis declara: "Ninguém nunca me disse que o luto é tão parecido com o medo."

O luto é a certeza do abandono. É o nosso pior medo tornado realidade.

Assim, faz todo o sentido que não falemos muito sobre ele. É assustador. Nosso medo é que, ao falar dele, de alguma forma o invoquemos. Temos plena ciência de que ao longo da nossa existência é inevitável sentir abandono em algum momento, mas mesmo assim ficamos sem chão quando acontece.

Na nossa cultura, fomos ensinados a possuir em vez de liberar. A perda (abandono) é uma liberação forçada para a qual temos poucos recursos para nos curar por conta própria ou com o auxílio de outros. Não costumamos falar sobre o inevitável processo de *desapego* daquilo que acreditamos possuir.

O que é o luto?

O luto é basicamente uma *tristeza profunda*. É uma dor que pode se tornar um fardo. No livro *In the Realm of Hungry Ghosts*, Gabor Maté fala sobre como a dor emocional ativa as mesmas áreas do cérebro que a dor física. O luto nos machuca FISICAMENTE. É um fardo corporal tanto quanto um osso quebrado ou uma doença física grave.

Essa é uma definição simples de luto. Mas o luto nunca é simples. Existem diferentes tipos de luto, entre eles:

- O luto pode ser *complexo*, sobretudo quando você passa por muitas perdas em pouco tempo, de modo que acabam ficando interligadas.
- O luto pode ser *antecipatório*, o que significa que sabemos que está chegando, então sofremos a cada instante até que o baque de fato venha. E ele não dói menos pelo fato de você já ter sentido antes.
- O luto pode ser *desvalorizado*, o que significa que as pessoas da nossa comunidade ou da nossa cultura mais ampla não reconhecem a gravidade da questão. Temos regras culturais para "quanto luto" podemos sentir. Um aborto espontâneo é considerado uma perda menor do que a morte de um filho.

Um animal de estimação é considerado inferior a um ser humano. Um vizinho é menos que um pai. Um ex-cônjuge é menos importante que o atual. O luto também pode ser desvalorizado quando o relacionamento não era saudável. Às vezes o alívio se mistura com a dor, que, por sua vez, pode causar o sentimento de culpa. Por exemplo, a perda de um pai que cometia abusos costuma ser uma dor desvalorizada.

- O luto pode ser *adiado*, o que significa que o deixamos de lado e seguimos em frente, até o ponto em que ele volta e nos acerta em cheio. Procuramos nos manter ocupados como um mecanismo de defesa até o momento em que o problema explode de vez.
- O luto pode ser *deslocado*, o que significa que evitamos e ignoramos a verdadeira fonte dele e temos uma reação exagerada a outra coisa. Por exemplo, alguém pode parecer forte diante da perda de um dos pais e chorar incontrolavelmente ao encontrar um pássaro moribundo em seu quintal meses depois.

As baboseiras que as pessoas dizem e não ajudam em nada

"O tempo cura tudo, sabia?"
É mesmo, Sherlock?! Eu sei que em algum momento vai melhorar. Mas não agora. Então cala a boca.
"Foi para o bem. Ele estava com dor e sofrendo. Estava pronto para ir embora."
Pode ser. Mas eu não estava pronto. Ou talvez estivesse, mas agora meu luto antecipatório simplesmente explodiu de vez. Não interessa se a morte foi sem sofrimento ou se todo mundo já estava preparado, ELA ACONTECEU!

"Deus nunca nos dá mais do que podemos suportar."

Deus (ou qualquer poder superior) não é um infeliz que testa nosso limite de dor. Se Ele quiser chamar minha atenção ou encorajar meu amadurecimento, existem maneiras muito melhores de fazer isso. A todo momento acontecem coisas com as quais as pessoas não conseguem lidar. Isso não nos torna um fracasso aos olhos da nossa religião. Então não diminua a jornada espiritual de ninguém jogando isso na cara da pessoa! E não a faça se sentir inibida para pedir ajuda.

"Precisamos ser fortes."

Por que eu preciso ser forte? Por que não posso me sentir minúscula, magoada e derrubada? Por que não tenho permissão para ter minha própria experiência? Por que tenho que fingir ser melhor do que me sinto? Não vou ficar fingindo que sou forte. Neste momento eu não sou forte, então não vou fingir.

"Você está aguentando muito bem."

Essa baboseira tem tudo a ver com a anterior, de que devemos ser fortes. A questão não é ser forte ou não. A questão é: Você não tem ideia do que estou vivendo aqui dentro, no meu interior. Não quero ser elogiada porque não choro perto das pessoas e por isso elas se sentem mais à vontade, pois eu posso precisar chorar em algum momento e, quando você diz que eu estou aguentando muito bem, passo a ter medo de chorar na sua frente.

"Eu sei como você se sente."

Sabe NADA! Não compare a sua perda com a minha. Não tente sequestrar a minha experiência. A dor de cada um é única. Talvez você tenha uma boa noção do que estou sentindo, mas garanto que não teve exatamente a mesma experiência que eu. Permita-me ser a única pessoa que sabe exatamente o que estou passando neste momento específico.

Todos nós já dissemos e ouvimos esses absurdos. Quem ouviu pode ter se sentido ofendido, mas certamente não achou útil. Então, por favor, pense duas vezes antes de falar banalidades. Se não sabe o que dizer, cale a boca e só se mostre presente.

Se disser alguma estupidez, assuma. Diga: "Eu não queria dizer isso. Me sinto mal pelo que falei, só estava tentando dizer algo para fazer você se sentir melhor, mas sei que não há palavras mágicas que eu possa dizer neste momento. Sinto muito."

A seguir listo algumas coisas que você PODE dizer. Nada que vá mudar a situação da água para o vinho. Talvez nem mesmo ajudem. Mas ao menos não vão diminuir ou menosprezar a experiência de luto da outra pessoa. Elas não vão tentar moldar nem controlar o comportamento da pessoa que está sofrendo de acordo com suas expectativas ou seus objetivos sociais.

- Você deve estar com a sensação de que essa dor nunca vai acabar.
- Sinto muito que tudo isso tenha acontecido com você.
- Você deve estar sentindo que não consegue lidar com tudo isso.
- Quando estiver sofrendo e precisar de ajuda, não sinta que precisa ser forte.
- Pode chorar. Pode se irritar. Pode ficar sem reação. Neste momento você pode sentir o que for.
- Algumas coisas simplesmente não fazem sentido.
- Não tenho nada a dizer que vá melhorar as coisas para você agora, mas estou aqui do seu lado.
- Fico feliz em ajudar da maneira que puder, mas se você preferir posso não fazer nada.

Ou você pode *apenas ficar quieto*. Não precisa falar pelos cotovelos para ser uma boa companhia para alguém.

A seguir, mais algumas maneiras de cuidar de uma pessoa que está de luto.

- Ouça de forma diferente. Dê espaço para a pessoa contar sua história se ela quiser. Não tente interpretar a situação de acordo com seu modo de ver. Mostre abertura e receptividade ao que a pessoa está dizendo, indicando que você pode estar por perto enquanto ela processa o que aconteceu. Reflita sobre o que ela está dizendo e como está se sentindo. Faça perguntas abertas que a encorajem a continuar falando se assim desejar. Valide as experiências dela. Mostre que você se importa e se preocupa. Tudo isso são regras básicas que os terapeutas aplicam na construção de relacionamentos com seus pacientes, habilidades importantes *para fazer a conexão entre pessoas*.
- Ofereça suporte que realmente atenda a uma necessidade. Não ofereça apoios vagos e vazios. Às vezes, quando estamos de luto, não sabemos o que pode ajudar, mas, se alguém se oferece para levar nossos filhos à piscina ou para lavar a louça, vemos que seria maravilhoso.
- Pergunte o que você pode fazer para ajudar. Não tem problema dizer que não sabe o que fazer de útil, mas que, se houver algo em que POSSA ajudar, fará com o maior gosto. Se quem está de luto já tem alguém que funciona como ponto de apoio principal, pergunte a essa pessoa.
- Se a pessoa disser não, RECUE. Diga que a oferta continua de pé, mas não reclame ou insista.
- Não espere que as pessoas sejam capazes de responder a perguntas ou tomar decisões. Evite fazer muitas perguntas nos primeiros dias de luto. Quando você se sente completamente destruído, juntar os cacos para ser racional parece uma tarefa hercúlea.
- Demonstre compaixão pela pessoa que está em dor e sofrimento. Não tente contar histórias otimistas ou consertar a situação, nem dar conselhos ou sugestões. Esteja

disposto a não fazer nada, apenas estar presente, reconhecer e respeitar o momento da pessoa. Para quem está de luto, o simples fato de falar sobre o que sente pode ser extremamente terapêutico.

- Preste atenção na história e na experiência da pessoa, sem se concentrar na sua ideia da verdade ou no que você acha que ela deveria vivenciar ou fazer.
- Esteja ciente do viés da nossa cultura em relação a histórias de redenção. Não tente mudar, reescrever, reformular ou invalidar histórias não redentoras e tristes da pessoa em luto.
- Quando a pessoa em luto fizer um esforço ou demonstrar força e resistência para encarar os desafios, sejam eles pequenos ou grandes, dê o devido crédito, mas não seja paternalista. Se alguém está entrando em depressão, é importante encorajar as atitudes que mostrem um movimento em direção à cura em vez de apenas resgatar a pessoa quando ela parecer se sentir derrotada, oprimida.
- Mantenha um pé no reconhecimento da situação e outro nas possibilidades de ação, sem insistir em falar sempre das possibilidades.
- Aponte a complexidade da situação, incluindo as contradições. Exemplo: *Você não pode continuar sofrendo assim e não quer morrer.* Ou: *Você quer desistir e não quer desistir.* Nesses casos, a conjunção "e" é infinitamente mais poderosa do que o "mas". Sempre que usamos o "mas", na prática estamos dizendo à pessoa que ela está errada em vez de aceitarmos as contradições típicas dos momentos de luto.
- Não se esqueça dos enlutados esquecidos. Muitas pessoas são afetadas pelas perdas da vida, mas nos concentramos apenas em algumas delas.

HORA DE AGIR: A CERIMÔNIA PARA VIVER A DOR

Antes falamos sobre como o cérebro humano é preparado para ouvir e contar histórias. E para a música. E para as conexões. Assim, é mais que natural que gostemos de cerimônias, certo? Meredith Small, antropóloga de Cornell, chama as cerimônias de *sinais de pontuação da vida*.

Faz sentido! Se a nossa memória operacional é capaz de contar apenas sete informações (tirando ou acrescentando, em média, duas dessa conta) por vez, então é natural pensarmos em símbolos e nos orientarmos no mundo dentro dessa realidade — é natural criarmos significado por meio da expressão criativa.

Temos cerimônias culturais para o luto. Os funerais são um exemplo óbvio. Mas os funerais estão ficando cada vez mais sem alma. Uma tarefa a ser cumprida, e não uma oportunidade de viver o luto. E inúmeros acontecimentos carregados de luto não são contemplados com uma cerimônia de encerramento. Não porque não precisamos, mas porque não há uma linguagem que atenda a essa necessidade.

E é nesse ponto que nós preenchemos a lacuna.

O que você está sofrendo e não tem palavras para descrever? O que simboliza a sua experiência? Como você pode usar esses símbolos para criar significado? Como seria sua cerimônia?

CONCLUSÃO

O novo normal

Vai melhorar. É sério! Não vai ficar perfeito, você não vai voltar a ter aquela inocência de antes de sofrer o trauma. Mas vai melhorar. E a experiência de recuperar o poder com as próprias mãos vai proporcionar a você uma vida mais rica e valiosa.

Certas coisas provavelmente serão gatilhos. Aniversários, situações da vida.

Mas sua relação com o trauma vai mudar. Ele deixará de ser a fera que controla todos os seus movimentos.

Seu trauma vai passar a se parecer mais com aquele vizinho chato com tempo de sobra.

Você sabe quem.

Aquele que faz questão de lhe dizer que o dia do caminhão de lixo mudou. Ou que reclama que seu cachorro late muito quando você está no trabalho. Ou aquele morador novo do andar de baixo que está aprendendo a tocar bateria e passa a noite inteira praticando.

Essas pessoas são um pé no saco, mas, no fundo, não têm más intenções.

E você acaba fazendo amizade com elas – da mesma forma que faz com seu trauma.

Às vezes elas dão informações boas e úteis. Você agradece, pega as informações importantes para agir no momento necessário e joga o resto fora.

Se nenhuma informação do seu vizinho exige uma ação sua, você lhe agradece por pensar na sua segurança e segue em frente.

Da mesma forma, quando seu trauma começar a desencadear sua ansiedade, você vai sorrir, pensar "Vai te catar, amígdala!" e voltar a viver sua vida.

Recomendações de leitura

Outras pessoas que escrevem muito bem

Muitos dos livros com que deparei ao longo dos anos têm um público específico, que a princípio não eram pessoas como eu ou você. O trabalho de Gary Chapman sobre as cinco linguagens do amor é um ótimo exemplo. É uma estrutura maravilhosa que ensina o leitor a se comunicar no relacionamento, mas os livros de Gary partem do pressuposto de que todos os relacionamentos românticos são cisgênero e heterossexuais e de que a prática espiritual padrão é o cristianismo. Claro que nada disso é problema se você se encaixa nesse perfil. Apenas menciono isso como um aviso geral. Um livro em si pode não ser voltado para sua identidade e sua trajetória de vida, mas não significa que as ideias que ele transmite sejam inúteis. Isto é algo que todos nós – que nem sempre nos encaixamos em perfis preconcebidos – aprendemos: pegue o que funciona e ignore o resto.

Vício

Memoirs of an Addicted Brain: A Neuroscientist Examines His Former Life on Drugs, de Marc Lewis.

In The Realm of Hungry Ghosts: Close Encounters with Addiction, de Gabor Maté.
Eating in the Light of the Moon: How Women Can Transform Their Relationship with Food Through Myths, Metaphors, and Storytelling, de Anita A. Johnston.
Seeking Safety: A Treatment Manual for PTSD and Substance Abuse, de Lisa M. Najavits.
A Woman's Addiction Workbook: Your Guide to In-Depth Healing, de Lisa M. Najavits.
Rational Recovery: The New Cure for Substance Addiction, de Jack Trimpsey.
12 Stupid Things That Mess Up Recovery: Avoiding Relapse Through Self-Awareness and Right Action, de Allen Berger.
12 Smart Things to Do When the Booze and Drugs Are Gone: Choosing Emotional Sobriety Through Self-Awareness and Right Action, de Allen Berger.

E todos os textos de Patrick Carnes sobre vício.

Ansiedade, depressão, raiva e outros transtornos de humor

Hello Cruel World: 101 Alternatives to Suicide for Teens, Freaks, and Other Outlaws, de Kate Bornstein.
Alive with Vigor! Surviving Your Adventurous Lifestyle, de Robert Earl Sutter III.
How to Not Kill Yourself: A Survival Guide for Imaginative Pessimists, de Set Sytes.
Bluebird: Women and the New Psychology of Happiness, de Ariel Gore.
Maps to the Other Side: The Adventures of a Bipolar Cartographer, de Sascha Altman DuBrul.

Alucinadamente feliz: Um livro engraçado sobre coisas horríveis, de Jenny Lawson.
The Price of Silence: A Mom's Perspective on Mental Illness, de Liza Long.

Luto

Presente no morrer: Cultivando compaixão e destemor na presença da morte, de Joan Halifax.
A anatomia de um luto, de C. S. Lewis.
Black Swan: The Twelve Lessons of Abandonment Recovery, de Susan Anderson.
The Journey from Abandonment to Healing: Surviving Through and Recovering from the Five Stages That Accompany the Loss of Love, de Susan Anderson.
Sign Posts of Dying, de Martha Jo Atkins.
Perdas e luto: Como encontrar serenidade nas grandes provações da vida, de Granger E. Westberg.
How Can I Help? Reaching Out to Someone Who Is Grieving, de June Cerza Kolf.

Relacionamentos

Sex from Scratch: Making Your Own Relationship Rules, de Sarah Mirk.
Consensuality, de Helen Wildfell.
How to Be an Adult in Relationships: The Five Keys to Mindful Loving, de David Richo.
As cinco linguagens do amor: Como expressar um compromisso de amor a seu cônjuge, de Gary Chapman.

E outros livros de Gary Chapman sobre relacionamento que usam o modelo das linguagens do amor.

Autocompaixão

Autocompaixão: Pare de se torturar e deixe a insegurança para trás, de Kristin Neff.

The Mindful Path to Self-Compassion: Freeing Yourself from Destructive Thoughts and Emotions, de Christopher Germer.

The Self-Compassion Diet: A Step-by-Step Program to Lose Weight with Loving-Kindness, de Jean Fain.

Meditação, mindfulness e redução do estresse

Não faça nada, só fique sentado: Um retiro de meditação budista ao alcance de todos, de Sylvia Boorstein.

Viver a catástrofe total: Como utilizar a sabedoria do corpo e da mente para enfrentar o estresse, a dor e a doença, de John Kabat-Zinn.

Um caminho com o coração: Como vivenciar a prática da vida espiritual nos dias de hoje, de Jack Kornfield.

E praticamente todos os livros de Pema Chödrön, Thich Nhat Hahn e Sua Santidade o Dalai Lama.

Trauma

The Broken Places, de Joseph McBride.

Dear Sister: Letters from Survivors of Sexual Violence, organizado por Lisa Factora-Borchers.

Trauma and Recovery: The Aftermath of Violence – From Domestic Abuse to Political Terror, de Judith L. Herman.

E todos os livros de Peter A. Levine.

Fontes

Capítulos 1 a 3

BARRETT, Lisa Feldman. "Solving the Emotion Paradox: Categorization and the Experience of Emotion". *Personality and Social Psychology Review*, v. 10, n. 1, 2006, pp. 20-46. Acesso em: 7 set. 2016. Disponível em: <http://affective-science.org/pubs/2006/Barrett2006paradox.pdf>.

BECK, Aaron T. *Prisoners of Hate: The Cognitive Basis of Anger, Hostility, and Violence*. Nova York: HarperCollins, 1999.

BECK, Aaron T.; RUSH, John A. & SHAW, Brian F. *Cognitive Therapy of Depression*. Nova York: Guilford, 1987. [Ed. bras.: *Terapia cognitiva da depressão*. Porto Alegre: Artmed, 2012.]

BECK, Judith S. et al. *Cognitive Behavior Therapy: Basics and Beyond*. Nova York: Guilford, 2011. [Ed. bras.: *Terapia cognitivo-comportamental: Teoria e prática*. Porto Alegre: Artmed, 2015.]

BECK, Judith S. & BECK, Aaron T. *Cognitive Therapy for Challenging Problems: What to Do When the Basics Don't Work*. Nova York: Guilford, 2011. [Ed. bras.: *Terapia cognitiva: O que fazer quando o básico não funciona*. Porto Alegre: Artmed, 2006.]

BUSH, G. et al. "Dorsal Anterior Cingulate Cortex: A Role in Reward-Based Decision Making". PubMed, 2013. Acesso em: 28 set. 2016. Disponível em: <https://www.ncbi.nlm.nih.gov/m/pubmed/11756669>.

CASE-LO, Christine. "Autonomic Dysfunction", maio 2011. Acesso em: 6 jan. 2016. Disponível em: <http://www.healthline.com/health/autonomic-dysfunction>.

DEAN, Jeremy. "Anchoring Effect: Definition, Examples, Effects", 23 maio 2013. Acesso em: 3 set. 2016. Disponível em: <http://www.spring.org.uk/2013/05/the-anchoring-effect-how-the-mind-is-biased-by-first-impressions.php>.

FOA, Edna B.; KEANE, Terence M. & FRIEDMAN, Matthew J. (org.). *Effective Treatments for PTSD: Practice Guidelines from the International Society for Traumatic Stress Studies*. Nova York: Guilford, 2004.

FOSTER, Jane A. "Gut Feelings: Bacteria and the Brain", 1º jul. 2013. Acesso em: 2 set. 2016. Disponível em: <http://www.ncbi.nlm.nih.gov/pmc/articles/PMC3788166>.

HENDY, David. *Noise: A Human History of Sound and Listening*. Nova York: HarperCollins, 2013.

HERMAN, Judith Lewis L. *Trauma and Recovery: The Aftermath of Violence – From Domestic Abuse to Political Terror*. Nova York: Basic, 1992.

HERMAN, Judith. "Section 1: Foundations of the Trauma Practice Model 13 6. Tri-Phasic Model (Herman, 1992)", 2005. Acesso em: 4 jan. 2016. Disponível em: <http://www.hogrefe.com/program/media/catalog/Book/trauma-p13-15.pdf>.

JUNGER, Sebastian. *Tribe: On Homecoming and Belonging*. Estados Unidos: Twelve, 2016.

LEHRER, Jonah. *How We Decide*. Boston: Houghton Mifflin Harcourt, 2009.

LEVINE, Peter A. & FREDERICK, Ann. *Waking the Tiger: Healing Trauma – The Innate Capacity to Transform Overwhelming Experiences*. Berkeley, CA: North Atlantic Books, 1997. [Ed. bras.: *O despertar do tigre: Curando o trauma*, trad. Sonia Augusto. São Paulo: Summus, 2022.]

LEVINE, Peter A. & KLINE, Maggie. *Trauma-Proofing Your Kids: A Parents' Guide for Instilling Joy, Confidence, and Resilience*. Berkeley, CA: North Atlantic Books, 2008.

_____. *Trauma Through a Child's Eyes: Awakening the Ordinary Miracle of Healing: Infancy Through Adolescence*. Berkeley, CA: North Atlantic Books, 2006.

LEVINE, Peter A. & MATÉ, Gabor. *In an Unspoken Voice: How the Body Releases Trauma and Restores Goodness*. Berkeley, CA: North Atlantic Books, 2010. [Ed. bras.: *Uma voz sem palavras: Como o corpo libera o trauma e restaura o bem-estar*, trad. Carlos Silveira Mendes Rosa e Cláudia Soares Cruz. São Paulo: Summus, 2012.]

LIPTON, Bruce. *The Biology of Belief*. Santa Rosa, CA: Mountain of Love/Elite Books, 2005. [Ed. bras.: *A biologia da crença*. São Paulo: Butterfly, 2007.]

MARKOWITSCH, Hans J. & Staniloiu, Angelica. "Amygdala in Action: Relaying Biological and Social Significance to Autobiographical Memory". PubMed, 1985. Acesso em: 4 jan. 2016. Disponível em: <http://www.ncbi.nlm.nih.gov/m/pubmed/20933525/>.

MARSH, Elizabeth & ROEDIGER, Henry. "Episodic and Autobiographical Memory", cap. 17, 2013. Disponível em: <http://psychnet.wustl.edu/memory/wp-content/uploads/2018/04/Marsh-Roediger-2012-Episodic-and-autobiographical-memory.pdf>.

MEHL-MADRONA, Lewis. *Remapping Your Mind: The Neuroscience of Self-Transformation Through Story*. Rochester: Bear & Company, 2015.

MILLER, George A. "The Magical Number Seven, Plus or Minus Two: Some Limits on Our Capacity for Processing Information", v. 101, n. 2, pp. 343-52,

1955. Acesso em: 3 set. 2016. Disponível em: <https://psycnet.apa.org/record/1957-02914-001>.

MITCHELL, Jeffrey T. "Critical Incident Stress Debriefing", 2008. Acesso em: 4 jan. 2016. Disponível em: <https://corpslakes.erdc.dren.mil/employees/cism/pdfs/Debriefing.pdf>.

MUSSWEILER, Thomas; ENGLICH, Birte & STRACK, Fritz. "Anchoring Effect", s.d. Disponível em: <https://bahniks.com/files/anchoring_chapter.pdf>.

NATIONAL CENTER FOR PTSD. "How Common Is PTSD?", 13 ago. 2015. Acesso em: 5 jan. 2016. Disponível em: <https://www.ptsd.va.gov/understand/common/index.asp>.

OXFORD DICTIONARY. Oxford University Press. "Habit: Definition of Habit in Oxford Dictionary (American English) (US)".

OXFORD DICTIONARY. Oxford University Press. "Post-Traumatic Stress Disorder: Definition of Post-Traumatic Stress Disorder in Oxford Dictionary (American English) (US)".

PESSOA, Luiz. "Emotion and Cognition and the Amygdala: From 'What Is It?' to 'What's to Be Done?'", 2010. Acesso em: 4 jan. 2016. Disponível em: <https://www.ncbi.nlm.nih.gov/pmc/articles/PMC2949460>.

PHELPS, Elizabeth. "Human Emotion and Memory: Interactions of the Amygdala and Hippocampal Complex". *Current Opinion in Neurobiology*, v. 14, n. 2, pp. 198-202, 2004. Acesso em: 18 maio 2016.

PORGES, Stephen W. "The Polyvagal Theory: New Insights into Adaptive Reactions of the Autonomic Nervous System", v. 76, n. 2 (supl.). Acesso em: 7 jun. 2016. Disponível em: <http://www.ncbi.nlm.nih.gov/pmc/articles/PMC3108032/>.

SAPOLSKY, Robert M. *Why Zebras Don't Get Ulcers: An Updated Guide to Stress, Stress-Related Diseases, and Coping.* Nova York: W.H. Freeman and Company, 1998. [Ed. bras.: *Por que as zebras não têm úlceras?* São Paulo: Francis, 2008.]

SCHIRALDI, Glenn R. *The Post-Traumatic Stress Disorder Sourcebook: A Guide to Healing, Recovery, and Growth.* Los Angeles, CA: McGraw-Hill Professional, 2000.

STEVENS, F. L. et al. "Anterior Cingulate Cortex: Unique Role in Cognition and Emotion", 2007. Acesso em: 28 set. 2016. Disponível em: <https://www.ncbi.nlm.nih.gov/m/pubmed/21677237>.

TAYLOR, Jill Bolte. *My Stroke of Insight: A Brain Scientist's Personal Journey.* Nova York: Penguin Putnam, 2008. [Ed. bras.: *A cientista que curou seu próprio cérebro.* São Paulo: Ediouro, 2008.]

TRAFTON, Anne & MIT NEWS OFFICE. "Music in the Brain". MIT News, 16 dez. 2015. Acesso em: 6 set. 2016. Disponível em: <http://news.mit.edu/2015/neural-population-music-brain-1216>.

TREATMENT INNOVATIONS. "All Seeking Safety Studies". Acesso em: 4 jan. 2016. Disponível em: <http://www.treatment-innovations.org/>.

TULVING, Endel. "Episodic and Semantic Memory", 1972. Acesso em: 18 maio 2016. Disponível em: <http://alicekim.ca/EMSM72.pdf>.

TURNER, Cory. "This Is Your Brain. This Is Your Brain On Music". NPR, 10 set. 2014. Acesso em: 6 set. 2016. Disponível em: <http://www.npr.org/transcripts/343681493>.

VAN DER HART, Onno; BROWN, Paul & VAN DER KOLK, Bessel A. "Pierre Janet's Treatment of Post-Traumatic Stress", 2006. Acesso em: 4 jan. 2016. Disponível em: <http://www.onnovdhart.nl/articles/treatmentptsd.pdf>.

VAN DER HART, Onno; BROWN, Paul & HORST, Rutger. "The Dissociation Theory of Pierre Janet", 2006. Acesso em: 4 jan. 2016. Disponível em: <http://www.onnovdhart.nl/articles/dissociationtheory.pdf>.

VAN DER HART, Onno & FRIEDMAN, Barbara. "A Reader's Guide to Pierre Janet: A Neglected Intellectual Heritage". *Dissociation*, v. 2, n. 1, pp. 3-16, 1989. Acesso em: 4 jan. 2016. Disponível em: <http://www.trauma-pages.com/a/vdhart-89.php>.

VAN DER KOLK, Bessel. *The Body Keeps the Score: Brain, Mind, and Body in the Healing of Trauma*. Estados Unidos: Penguin Books, 2015. [Ed. bras.: *O corpo guarda as marcas: Cérebro, mente e corpo na cura do trauma*, trad. Donaldson M. Garschagen. Rio de Janeiro: Sextante, 2020.]

WORRALL, Simon. "Your Brain Is Hardwired to Snap". National Geographic News. Acesso em: 7 fev. 2016. Disponível em: <http://www.nationalgeographic.com/science/article/160207-brain-violence-rage-snap-science-booktalk>.

YAHYA, Harun. "The Two Governors of Our Body: The Hypothalamus and the Pituitary Gland". In: *The Miracle of Hormones*. Délhi: Goodword Books, 2004.

Capítulo 4

BASS, Ellen; DAVIS, Laura. *The Courage to Heal: A Guide for Women Survivors of Child Sexual Abuse*. Nova York: HarperPerennial, 1994.

BASS, Ellen & THORNTON, Louise (org.). *I Never Told Anyone: Writings by Women Survivors of Child Sexual Abuse*. Nova York: William Morrow Paperbacks, 1991.

BOUNDS, Gwendolyn. "How Handwriting Boosts the Brain". *WSJ*, 5 out. 2010. Disponível em: <http://www.wsj.com/articles/SB10001424052748704631504575531932754922518>.

BURDICK, Debra E. *Mindfulness Skills Workbook for Clinicians and Clients: 111 Tools, Techniques, Activities & Worksheets*. Nova York: Pesi, 2013.

BURNS, David D. *When Panic Attacks: The New, Drug-Free Anxiety Therapy That Can Change Your Life*. Nova York: Crown, 2006.

DAVIS, Laura. *Allies in Healing: When the Person You Love Is a Survivor of Child Sexual Abuse*. Nova York: William Morrow Paperbacks, 1991.

DOMONELL, Kristen & BURN, Daily. "Why Endorphins (and Exercise) Make You Happy". *CNN*, 13 jan. 2016. Disponível em: <http://www.cnn.com/2016/01/13/health/endorphins-exercise-cause-happiness>.

DOMONELL, Kristen. "Endorphins and the Truth about Runner's High", 8 jan. 2016. Acesso em: 7 set. 2016. Disponível em: <https://dailyburn.com/life/fitness/what-are-endorphins-runners-high/>.

FISCHER, Jason B. *The Two Truths about Love: The Art and Wisdom of Extraordinary Relationships*. Oakland, CA: New Harbinger, 2013.

GREENBERGER, Dennis; PADESKY, Christine A. & BECK, Aaron T. *Mind over Mood: Change How You Feel by Changing the Way You Think*. Nova York: Guilford, 1995. [Ed. bras.: *A mente vencendo o humor: Mude como você se sente, mudando o modo como você pensa*, trad. Sandra Maria Mallmann da Rosa. Porto Alegre: Artmed, 2016.]

MAZUMDAR, Agneeth & FLEXMAN, Jamie. "5 Brain Hacks That Give You Mind-Blowing Powers". *Cracked*, 25 mar. 2013. Acesso em: 3 ago. 2016. Disponível em: <http://www.cracked.com/article_20166_5-brain-hacks-that-give-you-mind-blowing-powers_p4.html>.

McMILLEN, Matt. "Exercise and Depression", 2005. Acesso em: 7 set. 2016. Disponível em: <http://www.m.webmd.com/depression/features/does-exercise-help-depression>.

PRINCE EDWARD ISLAND RAPE AND SEXUAL ASSAULT CENTRE. "Grounding Techniques", 2013. Acesso em: 4 jan. 2016. Disponível em: <https://files.upei.ca/vpaf/svpro/grounding_techniques_peirsac.pdf>.

SELIGMAN, Martin. *Authentic Happiness: Using the New Positive Psychology to Realize Your Potential for Lasting Fulfillment*. Nova York: Simon & Schuster, 2004. [Ed. bras.: *Felicidade autêntica: Use a psicologia positiva para alcançar todo o seu potencial*, trad. Neuza Capelo. Rio de Janeiro: Objetiva, 2019.]

_____. *Learned Optimism: How to Change Your Mind and Your Life*. Nova York: Pocket Books, 1998. [Ed. bras.: *Aprenda a ser otimista: Como mudar sua mente e sua vida*, trad. Débora Landsberg. Rio de Janeiro: Objetiva, 2019.]

SCHANK, Richard. "Script Theory", 2015. Acesso em: 2 set. 2016. Disponível em: <http://www.instructionaldesign.org/theories/script-theory.html>.

STAHL, Bob & GOLDSTEIN, Elisha. *A Mindfulness-Based Stress Reduction Workbook*. Oakland, CA: New Harbinger, 2010. [Ed. bras.: *Atenção plena para todos os dias: Práticas simples e eficazes para reduzir o estresse*. Rio de Janeiro: Sextante, 2019.]

TENNESSEE MEDICAL FOUNDATION. "Grounding Techniques". Acesso em: 4 jan. 2016. Disponível em: <https://www.e-tmf.org/downloads/Grounding_Techniques.pdf>.

WILLIAMS, Mary Beth et al. *The PTSD Workbook: Simple, Effective Techniques for Overcoming Traumatic Stress Symptoms*. Oakland, CA: New Harbinger Publications, 2002.

Capítulo 5

DAVIS, Joseph A. "Critical Incident Stress Debriefing from a Traumatic Event", 12 fev. 2013. Acesso em: 4 jan. 2016. Disponível em: <https://www.psychologytoday.com/blog/crimes-and-misdemeanors/201302/critical-incident-stress-debriefing-traumatic-event>.

EEGINFO. "What Is Neurofeedback?". Acesso em: 7 jun. 2016. Disponível em: <http://www.eeginfo.com/what-is-neurofeedback.jsp>.

ENGEL, Meredith. "Does Energy Healing Really Work?", 18 jul. 2014. Acesso em: 7 jun. 2016. Disponível em: <http://www.nydailynews.com/life-style/health/energy-healing-work-article-1.1872210>.

GELENDER, Amanda. "Doctors Put Me on 40 Different Meds for Bipolar and Depression. It Almost Killed Me". Invisible Illness, Medium, 31 maio 2016. Acesso em: 7 jun. 2016. Disponível em: <https://medium.com/invisible-illness/doctors-put-me-on-40-different-meds-for-bipolar-and-depression-it-almost-killed-me-c5e4fbea2816#.cadpk38ga>.

INTERNATIONAL ELECTROMEDICAL PRODUCTS. "Alpha-Stim Clinical Research", 2016. Acesso em: 7 jun. 2016. Disponível em: <http://www.alpha-stim.com/research-and-reports>.

KORRY, Elaine. "California Moves to Stop Misuse of Psychiatric Meds in Foster Care". *NPR*, 2 set. 2015. Acesso em: 7 jun. 2016. Disponível em: <http://www.npr.org/sections/health-shots/2015/09/02/436350334/california-moves-to-stop-misuse-of-psychiatric-meds-in-foster-care>.

KUBANY, Edward S. & RALSTON, Tyler C. *Treating PTSD in Battered Women: A Step-by-Step Manual for Therapists and Counselors*. Oakland, CA: New Harbinger, 2008.

LIEBERMAN, Jeffrey A. et al. "Effectiveness of Antipsychotic Drugs in Patients with Chronic Schizophrenia". *New England Journal of Medicine*, v. 353, n. 12, pp. 1209-23, 22 set. 2005. Disponível em: <https://pubmed.ncbi.nlm.nih.gov/16172203/>.

MAYO FOUNDATION FOR MEDICAL EDUCATION AND RESEARCH. "What Is Reflexology?", 3 set. 2015. Acesso em: 10 set. 2016. Disponível em: <http://www.mayoclinic.org/healthy-lifestyle/consumer-health/expert-answers/what-is-reflexology/faq-20058139>.

_____. "Biofeedback", 14 jan. 2016. Acesso em: 7 jun. 2016. Disponível em: <http://www.mayoclinic.org/tests-procedures/biofeedback/home/ovc-20169724>.

MENTALHELP.NET. "Chiropractic Care", 1995. Acesso em: 7 jun. 2016. Disponível em: <https://www.mentalhelp.net/articles/chiropractic-care>.

MILLER, Anna. "What Is Reiki?". Acesso em: 10 set. 2016. Disponível em: <http://health.usnews.com/health-news/health-wellness/articles/2014/11/10/what-is-reiki>.

MINISTÉRIO PÚBLICO DO ESTADO DE NOVA YORK. "A.G. Schneiderman Asks Major Retailers To Halt Sales of Certain Herbal Supplements as DNA Tests Fail to Detect Plant Materials Listed on Majority of Products Tested". New York State Attorney General, 1998. Acesso em: 7 jun. 2016. Disponível em: <http://www.ag.ny.gov/press-release/2015/ag-schneiderman-asks-major-retailers-halt-sales-certain-herbal-supplements-dna>.

MITCHELL, Jeffrey T. "Critical Incident Stress Debriefing", 2008. Acesso em: 4 jan. 2016. Disponível em: <https://corpslakes.erdc.dren.mil/employees/cism/pdfs/Debriefing.pdf>.

NAJAVITS, Lisa M. *Seeking Safety: A Treatment Manual for PTSD and Substance Abuse*. Nova York: Guilford, 2002.

PADESKY, Christine A.; GREENBERGER, Dennis & SCHWARTZ, Mark S. *Clinician's Guide to Mind over Mood*. Nova York: Guilford, 1995. [Ed. bras.: *Guia de terapia cognitivo-comportamental para o terapeuta: A mente vencendo o humor*, trad. Sandra Maria Mallmann da Rosa. Porto Alegre: Artmed, 2021.]

PULSIPHER, Charlie. "Natural Vs. Synthetic Vitamins – What's the Big Difference?", 2 jan. 2014. Acesso em: 7 jun. 2016. Disponível em: <https://sunwarrior.com/healthhub/natural-vs-synthetic-vitamins>.

QUINTANILLA, Doris. "Chiropractic Care Can Help Lessen Depression Symptoms", 24 dez. 2013. Acesso em: 8 set. 2016. Disponível em: <http://www.psyweb.com/articles/depression-treatment/chiropractic-care-can-help-lessen-depression-symptoms>.

RETTNER, Rachael. "Herbal Supplements Often Contain Unlisted Ingredients". Acesso em: 7 jun. 2016. Disponível em: <http://www.livescience.com/40357-herbal-products-unlisted-ingredient.html>.

Capítulos 6 a 10

BERGER, Allen. *12 Stupid Things That Mess Up Recovery: Avoiding Relapse Through Self-Awareness and Right Action*. Estados Unidos: Hazelden Information & Educational Services, 2008.

BLAIR, R. J. R. "Considering Anger from a Cognitive Neuroscience Perspective". *PMC*, v. 3, n. 1. Acesso em: 3 out. 2016. Disponível em: <https://www.ncbi.nlm.nih.gov/pmc/articles/PMC3260787>.

CARNES, Patrick J. *A Gentle Path Through the Twelve Steps: The Classic Guide for All People in the Process of Recovery*. Center City, MN: Hazelden, 1994.

DOYLE, Robert & NOWINSKI, Joseph. *Almost Alcoholic: Is My (or My Loved One's) Drinking a Problem?* Nova York: Hazelden, 2012.

EVANS, Katie & SULLIVAN, Michael J. *Dual Diagnosis: Counselling the Mentally Ill Substance Abuser*. Nova York: Guilford, 1990.

GULZ, Agneta. "Conceptions of Anger and Grief in the Japanese, Swedish, and

American Cultures – The Role of Metaphor in Conceptual Processes", 2006. Disponível em: <http://www.lucs.lu.se/LUCS/007/LUCS.007.pdf>.

HAMILTON, Tim & SAMPLES, Pat. *The Twelve Steps and Dual Disorders: A Framework of Recovery for Those of Us with Addiction and an Emotional or Psychiatric Illness.* Estados Unidos: Hazelden, 1994.

HAZELDEN PUBLISHING. *The Dual Disorders Recovery Book: A Twelve Step Program for Those of Us with Addiction and an Emotional or Psychiatric Illness.* Estados Unidos: Hazelden, 1993.

HENDRICKSON, Edward L. *Designing, Implementing and Managing Treatment Services for Individuals with Co-Occurring Mental Health and Substance Use Disorders: Blue Prints for Action.* Nova York: Haworth Press, 2006.

HAHN, Thich Nhat. *Anger: Wisdom for Cooling the Flames.* Estados Unidos: Riverhead Books, s.d. [Ed. bras.: *Raiva: Sabedoria para abrandar as chamas*, trad. Maria Goretti Rocha de Oliveira. Petrópolis: Vozes, 2022.]

HUESMANN, Rowell L. "The Impact of Electronic Media Violence: Scientific Theory and Research". *PMC*, v. 41, n. 6 (supl. 1), 12 abr. 2013. Acesso em: 6 jan. 2016. Disponível em: <http://www.ncbi.nlm.nih.gov/pmc/articles/PMC2704015/>.

KUBLER-ROSS, Elisabeth. *On Death and Dying: What the Dying Have to Teach Doctors, Nursers, Clergy and Their Own Families.* Nova York: Simon & Schuster Adult Publishing Group, 1997. [Ed. bras.: *Sobre a morte e o morrer: O que os doentes terminais têm para ensinar a médicos, enfermeiras, religiosos e aos seus próprios parentes*, trad. Paulo Menezes. São Paulo: WMF Martins Fontes, 2017.]

LAKOFF, George & KOVECSES, Zoltan. "The Cognitive Model of Anger Inherent in American English". Universidade da Califórnia, Berkeley, 1983. Disponível em: <https://georgelakoff.files.wordpress.com/2011/04/the-cognitive-model-of-anger-inherent-in-american-english-lakoff-and-kovecses-1983.pdf>.

LINGFORD-HUGHES, Ann & NUTT, David. "Neurobiology of Addiction and Implications for Treatment". *The British Journal of Psychiatry*, editorial, v. 182, n. 2, pp. 100-97, 1º fev. 2003. Acesso em: 3 out. 2016. Disponível em: <http://bjp.rcpsych.org/content/182/2/97>.

MATÉ, Gabor. *In the Realm of Hungry Ghosts: Close Encounters with Addiction.* Berkeley, CA: North Atlantic Books, 2011.

NATIONMASTER. "Japan Vs United States Crime Stats Compared", 2009. Acesso em: 6 jan. 2016. Disponível em: <http://www.nationmaster.com/country-info/compare/Japan/United-States/Crime>.

ZWAAN, Rolf A. "The Immersed Experiencer: Toward an Embodied Theory of Language Comprehension". *Psychology of Learning and Motivation*, v. 44, pp. 35-62, 2003. Acesso em: 1º set. 2016. Disponível em: <https://www.sciencedirect.com/science/article/abs/pii/S0079742103440024>.

Agradecimentos

Quando larguei meu emprego há alguns anos, foi para focar no meu consultório e escrever o livro que queria escrever fazia anos. Para uma viúva com dois filhos, esse foi um grande salto de fé. E felizmente deu tudo certo.

Mas este não era o livro que eu pretendia escrever. Vai entender...

Este livro nasceu, inicialmente, do meu hábito de passar 15 minutos anotando tudo que falava durante a conversa de "cinco minutos sobre a ciência do cérebro" que tive com a maioria dos meus pacientes ao longo dos anos. Enviei o texto final para a Microcosm Publishing, que viu potencial na minha ideia ainda vaga e se comprometeu a me ajudar a desenvolvê-la, algo que as editoras quase não fazem mais. A propósito, o outro livro ainda vai sair. Temos muitas outras ideias legais de livros. Porque, no processo, Elly Blue e Joe Biel deixaram de ser meus editores e se tornaram meus amigos. Eles são geniais, me apoiam no que for.

Quero agradecer a Aaron Sapp (médico) e Allen Novian (ph.D. e terapeuta) por lerem os originais e tentarem evitar que eu fizesse um papelão na parte da ciência do cérebro. É possível que eu tenha falado besteira mesmo assim. Não é culpa deles, claro. Todas as mensagens de ódio devem ser enviadas diretamente para mim.

A meu filho Sammuel, que tem sido meu ajudante nas conferências sobre neurociência e trauma, compartilhando corajosamente algumas de suas próprias histórias sobre a perda do pai para ajudar outras pessoas.

A meu melhor amigo, Adrian, uma pessoa que é bem-sucedida em tudo na vida, mesmo quando parece impossível. E além de tudo me traz comida.

Ao restante da nossa equipe; não é porque vocês não estão vendo seu nome no livro que quer dizer que não são importantes. Obrigada por serem minha família, Shannon, Penny, Brianna, Hailee, Rowan e Braedan.

A Joe G., que deixou de ser meu namorado para se tornar meu marido. Isso apesar da minha determinação de nunca mais me casar. Porque (claramente) me casar é uma péssima ideia – a menos que seja com Joe G. Nesse caso, o mundo começa a fazer muito mais sentido para quem nos conhece.

A meus supervisionados, do passado e do presente. Vocês são tão inteligentes, motivados e BONS em seus trabalhos que preciso me esforçar para acompanhá-los e não passar vergonha. É a melhor forma de espantar a preguiça!

E, por fim, aos meus pacientes. CARAMBA! Vocês são tão maravilhosos que não consigo sequer pôr em palavras quanto me sinto grata por fazer parte de suas jornadas. Obrigada por fazerem todo o trabalho duro. E por entenderem a ciência do cérebro tão bem que ESTE se tornou o meu primeiro livro.

CONHEÇA ALGUNS DESTAQUES DE NOSSO CATÁLOGO

- Augusto Cury: Você é insubstituível (2,8 milhões de livros vendidos), Nunca desista de seus sonhos (2,7 milhões de livros vendidos) e O médico da emoção
- Dale Carnegie: Como fazer amigos e influenciar pessoas (16 milhões de livros vendidos) e Como evitar preocupações e começar a viver
- Brené Brown: A coragem de ser imperfeito – Como aceitar a própria vulnerabilidade e vencer a vergonha (600 mil livros vendidos)
- T. Harv Eker: Os segredos da mente milionária (2 milhões de livros vendidos)
- Gustavo Cerbasi: Casais inteligentes enriquecem juntos (1,2 milhão de livros vendidos) e Como organizar sua vida financeira
- Greg McKeown: Essencialismo – A disciplinada busca por menos (400 mil livros vendidos) e Sem esforço – Torne mais fácil o que é mais importante
- Haemin Sunim: As coisas que você só vê quando desacelera (450 mil livros vendidos) e Amor pelas coisas imperfeitas
- Ana Claudia Quintana Arantes: A morte é um dia que vale a pena viver (400 mil livros vendidos) e Pra vida toda valer a pena viver
- Ichiro Kishimi e Fumitake Koga: A coragem de não agradar – Como se libertar da opinião dos outros (200 mil livros vendidos)
- Simon Sinek: Comece pelo porquê (200 mil livros vendidos) e O jogo infinito
- Robert B. Cialdini: As armas da persuasão (350 mil livros vendidos)
- Eckhart Tolle: O poder do agora (1,2 milhão de livros vendidos)
- Edith Eva Eger: A bailarina de Auschwitz (600 mil livros vendidos)
- Cristina Núñez Pereira e Rafael R. Valcárcel: Emocionário – Um guia lúdico para lidar com as emoções (800 mil livros vendidos)
- Nizan Guanaes e Arthur Guerra: Você aguenta ser feliz? – Como cuidar da saúde mental e física para ter qualidade de vida
- Suhas Kshirsagar: Mude seus horários, mude sua vida – Como usar o relógio biológico para perder peso, reduzir o estresse e ter mais saúde e energia

sextante.com.br